中国科学院教材建设专家委员会规划教材
全国高等医药院校规划教材

医学生学习方法

高 雅 编著

科 学 出 版 社
北 京

内 容 简 介

大学的学习要求、生活环境等都不同于中学时代,由此而引起的在环境、学习、心理各方面不相适应的矛盾。本书指导学生正确认识大学阶段学习中遇到的问题,找出解决问题的方法,尽快适应大学各方面提出的新要求,保障学生顺利完成学业,使学生成长为德智体全面发展的人才。本书宏观上从学习目的和动力入手,细致讲解学习方法;微观上,具体介绍记忆方式、学习计划制订和学校措施的落实,从中读者可以找到适合自己学习方式。选用真实案例和学生感言,真实地反映了学生的学习问题和解决问题的收获体会。本书是指导学生快速适应从中学到大学转变学习方法的教材。

本书适合医学院校刚入学的大学生阅读使用,也可作为年级辅导员及学生工作者的参考用书。

图书在版编目(CIP)数据

医学生学习方法/高雅编著.—北京:科学出版社,2013.8

中国科学院教材建设专家委员会规划教材·全国高等医药院校规划教材

ISBN 978-7-03-038547-5

Ⅰ.医… Ⅱ.高… Ⅲ.医学-学习方法-医学院校-教材 Ⅳ.R

中国版本图书馆CIP数据核字(2013)第211364号

责任编辑:朱 华 李国红/责任校对:韩 杨

责任印制:肖 兴/封面设计:范璧合

科学出版社出版

北京东黄城根北街16号

邮政编码:100717

http://www.sciencep.com

骏杰印刷厂印刷

科学出版社发行 各地新华书店经销

*

2013年8月第 一 版 开本:787×1092 1/16

2013年8月第一次印刷 印张:6

字数:137 000

定价:19.80元

(如有印装质量问题,我社负责调换)

引言　时代呼唤着学习科学

学习是一种活动,一门科学。它研究和探讨学习的本质,学习的规律及影响学习的条件。为了研究学习,人类已经做了长期的努力。从古到今,许多国内外专家、学者和有识之士,从不同角度、不同层次和不同水平研究了学习的种种问题。他们从学习体会、经验总结、理论探讨、直到科学实验研究,做了大量工作,写下了许多关于学习的文字资料,从语录、警句、文章直到专论和专著,留下了宝贵的财富。

人类社会从结绳记事到今天的知识经济时代,人们从来没有离开过学习。学习是人们存在必须具备的能力和手段。一方面学习促进了人自身的发展,提升了人自身的素质。另一方面,也创造了人类社会的物质文明和精神文明。

然而,怎样学习,既是一个古老的问题,又是一个常新的课题。21 世纪是一个靠学习能力决定高低的知识经济时代,每一个人都有机会胜出。会学习的人总有一些特点:一是学习能力较强的人善于聆听,总能从别人的语言里学到东西;二是他们总是善于观察,总能从发生过的事情里领悟;三是他们善于行动,学以致用,总能在第一时间把死的知识变成活的事实;四是他们善于反省,所以能够一次比一次做得更好。

但是,长期以来,把学习看做一门科学,却没有引起专门培养人才学校的应有重视,特别是高等学校,问题更加突出。因此,作为学习主体的学生,不懂得学习,不会科学地学习,就成为学校普遍存在的问题了。据某医学院调查:学生中没有总结过自己学习的有 54%;没读过有关学习方法书籍的有 60.1%。普遍的现象是宁愿花大量的时间琢磨一两道习题,不花一点时间思考一下学习方法。从南开大学生物系新生学习《大学学习论》这门课后所写的 105 份心得可以看出,在学习之前,很多人认为:“学习是毋庸学习的”,“学习无非是听看写背”;学了这门课后,方“领会到学习的真谛”,“惊奇地发现自己的确对‘学习’二字理解不深”,“虽然跟学习打了很长时间的交道,却仍然不知道庐山真面目”,“学习岂止是一门科学,还是一门艺术”。事实表明,研究科学的学习方法,是提高大学生学习能力的需要,应试教学改革的一项重要内容。

我们正处在一个变革的时代。现代科学技术发展极为迅速,使人类社会进入了知识量激增和高新的时代。据有关统计,人类的知识量呈几何级数增长。全世界图书近两百年来,增长了约 800 倍,而其中医学文献增长率达 10%～30%。知识总量急剧增加,被称为“知识爆炸”,给人类的教育和学习活动带来很大压力。每个人面临要学习的东西急剧增多,要求人们提高学习能力,并且不断地学习,才能适应形势发展的需要。

青少年时代是聪明才智与精力最旺盛的时期,是学习掌握文化科学知识和技能的最佳年龄。但是,由于学习领域的许多奥妙没有被揭开,不会学习的状况严重存在。歌德有一句名言:“单学知识仍然是蠢人。”美国人类资源研究所的心理学家赫伯特格乔伊也曾说过一句发人深省的话:“明天的文盲已不是不能阅读的人,而是没有学会学习的人。”难怪有人把“学会学习”与“学会生存”相提并论,不是没有道理的。作为一名医学生,应顺应变革的需要,响应时代的呼唤,注意研究学习,了解学习,除了在学校尽心尽力学习医学知识和技能外,毕业后还必须树立继续学习、终生学习的态度。

学习过程,就是一个认识的过程。也就是由无知转化为有知,由知之不多转化为知之甚多的转化过程。这种认识上的转化,同任何事物的转化一样,都有其独特的客观规律。对此,毛泽东同志在《实践论》中有一段精辟的论述:“从感性认识而能动地发展到理性认识,又从理性认识而能动地指导革命实践,改造主观世界和客观世界。实践、认识、再实践、再认识这种形式,循环往复,以至无穷,而实践和认识之每一循环内容,都比较地进到了高一级的程度。”从根本上说,学习过程,也必须遵循这样的认识过程,也就是学习作为一门科学的理论依据。

基于以上的事实和认识,编写了这本资料,希望能在同学改善学习方法,提高学习能力方面有所启发和帮助。

编　者

2013 年 6 月

目　　录

第一章　大学生活、学习特点——适应从中学到大学的转变

“大学教育激活了我的思维，开阔了我的视野，赋予了我真知，让我重新认识了世界”。这是海伦·凯勒在1904年拉德克利夫学院的毕业典礼上的发言，这句话道出本科教育的真谛。大学教育为学生敞开了一扇门，使他们有机会接触到新的思想，获得新的观点。大学生进入高等学校要认识到，中学和大学是两个不同的学习阶段。从高中进入大学是大学新生的新起点，也是生活道路上的一个重要转折。由于大学的学习要求、生活环境等都不同于中学时代，由此而引起的在环境、学习、心理各方面不相适应的矛盾。因此，每个同学如何正确认识这些矛盾，找出解决矛盾的方法，尽快适应大学各方面提出的新要求，是顺利完成学业，是自己成长为德智体全面发展的人才的关键性的第一步。

那么读大学究竟是读什么呢？当你揣着录取通知书走进大学校园，你便是一名大学生了。不知道你有没有考虑过这样一些问题：大学生和非大学生的区别究竟是什么？难道仅仅只是一本小小的学生证或毕业证？读大学，究竟需要我们读什么？

大学不是技校，一个机电专业的大学毕业生能够操作、维护一台机器，但是一个只有初中学历的熟练技工也照样可以操作，甚至比大学生操作得更好；一个外语系毕业的大学生能够说一口流利的外语，能够将长篇的外文资料翻译成中文，可是，一个跑到外国卖了几年烤红薯的人也能说外语，甚至比大学生说得更地道；很多卫校毕业的中专生在积累若干年经验以后，照样可以拿手术刀……

大学生和非大学生最主要的区别绝对不在于是否掌握了一门专业技能。如果是这样的话，那大学跟技校也就没有什么两样了，顶多也只算是一所规模更大的技校。而且就专业技能而言，大学生肯定还比不过技校生的。因为技校厨师专业的学生第一节课可能就要学切菜，而假如大学开设了厨师专业，肯定要用两年来研究厨师的社会使命、职业道德、历史演变、阶级属性和学术分类。

那大学生究竟凭什么区别于技校毕业生并进而区别于一切没有读过大学的人呢？要回答这个问题，我们不妨先来看一下以下案例。

案例1-1　　**张小妹的求职经历**

大学临近毕业，就业形势相当严峻，很多人认为自己又属于运气最差的那类。下面是张小妹的求职经历。第一次，有家电器公司通知张小妹面试，出门前因打扮得太久，加上路上堵车，结果整整迟到了一个小时。工作人员扬起手上一堆报名表对她说：“小姐，你不适合做员工，适合做老总。”

第二次，张小妹素面朝天地提前来到一家礼仪公司，可工作人员依然摇着头对她说：“注重仪表是对别人的尊重，你在学校没有学过吗？”

几天后，一家英国公司的招聘广告又让张小妹重新打起精神。这次的应聘与前两次都不一样，公司对形象也没什么要求，张小妹也很准时地到了应聘现场。所有面试的人都集中在一个大房间里，考官给每个人发了一张试卷，上面只给了一道看起来简单的题目：英国每年买几个高尔夫球。没有其他数据，要求在45分钟内完成。

一看到这个无厘头似的题目，张小妹几乎傻眼了。后来仔细一想，发现这道题并不是要应聘者答出一个确定的数字，而是需要一个思考的过程。这样的题目对张小妹这个经济系的高才生来说并不算难，中间涉及的很多管理知识对我来说也轻而易举。

所谓的"英国买"其实就是英国进口。进口的数量与市场需求有关，市场需求与人口有关。英国有多少人口，这个在张小妹的脑子里有数。可以假设16岁至70岁之间有多少英国人，其中最有可能打高尔夫球的30岁至45岁之间有多少人。为了使数据精确，张小妹还在答题纸上写明了如何进行抽样调查。写完步骤后，张小妹再假设50万人口在打高尔夫球，这些人当中经常打高尔夫球的有多少人，估计这些人每年要用多少球，其他的人会多久打一次，需要用多少球。这些数字加起来就是英国总的市场需求。最后张小妹写下一组数字，并满意地交了答卷。

一个月后，张小妹收到这家公司的录用通知。

【案例1-1解析】 张小妹第一次面试因为迟到而失败，第二次又因为仪表而被拒绝。作为一个求职者，她犯了两个很不应该犯的错误，因为守时和注重仪表都是做人的基本要求，也是对别人最起码的尊重。但是，我们并不能因此而断定张小姐不是一个合格的大学生。虽然一个受过高等教育的大学生更加应该知道守时和注重仪表，但是，这种做人的常识不但大学生需要知道，而且其他每个人都应该知道。我们不应该用做人的标准来作为衡量一个大学生是否合格的标准，否则就相当于抹煞了大学生和非大学生之间的区别。一个没上过学的农民可能非常守时，而一个著名学者却可能非常邋遢，这都不影响他们继续做农民或者做学者。

张小妹第三次面试的时候证明了自己作为一个合格大学生的实力。如果面试时那个问题的答案只是一个确定的数字，那么在答题的时候一个读过大学的人和没读大学的人比较起来丝毫也不占优势，因为大学生没有理由一定会比别人的记忆力更好。很多孩子拥有过目不忘的能力，但他们并不是大学生。既然张小妹面试时那道题目考察的不是一个数字，而是一种分析问题的方法，那么大学生的优势便凸现出来了。张小妹在大学期间经过系统的思维训练，对于分析问题、解决问题的方法有着丰富的理论知识，所以在面对一个问题的时候不会再单纯从简单记忆或者机械模仿的角度来考虑，她能够站在更高的高度来分析、解决问题。在这种时候，被动的记忆能力已经上升为了主动的分析能力和独立的思考能力，而这种能力正好是一个合格大学生最本质的特征。

社会需要的也正是大学生这种系统分析的能力。不管在什么行业工作，所面对的问题都是纷繁复杂而且瞬息万变的，如果没有系统分析、独立思考的能力，就算把所有的书本吞进肚子，就算大学期间每次期末考试得第一名，也绝对不可能在工作中脱颖而出。

为了让自己拥有全面、系统而深入地分析、解决问题的能力，前提便是需要拥有深厚的专业知识。要做到怀疑并不难，但是如果怀疑缺乏理性的思考和渊博的知识，怀疑就将堕落成一种玩世不恭。没有专业知识作为基础，深入分析问题的能力就不会凭空产生，就算拥有了这样的能力，也无法将这种能力付诸现实的工作之中。

教材上的东西当然要学，但这只是前提和基础，最关键的还是要进行自主性的学习，在学习知识的过程中独立思考，得到系统的思维训练。自主性学习需要对自己学习的内容有所取舍，并有一个比较明确的取舍标准，找到真正适合自己的知识。

对于教材和其他书籍中的观点应该带着批判的眼光加以学习，不能认为书上说的就一定是对的。书中的观点就很可能因为作者知识范围和社会经验的有限性而失之片面或流于表面，很多所谓学术大家的著作也同样不可能是绝对真理，只有经过自己独立的思考和评价，书中正确的观点你才知道为什么正确，错误的观点也才能被你摒弃。

第一节　从中学到大学是学程上的重大转变

一、大学生活、学习的基本特点

大学生活、学习的特点是由高等教育的特点决定的，其区别于普通教育的特点，主要表现在下面几个方面。

1. 高等专业教育

高等专业教育是建立在普通教育基础上的教育，它所培养的人才，不是一般的劳动力，而是各种高级专门人才。在医学院校里，是培养医生、医学家。

2. 学习的独立性

这是大学生一生学习历程中的一个突破点。

在中学里，已形成了固定的学习模式：听课、做作业。完全依靠老师的安排。而在大学里，在学习上、生活上，老师管得少了，上课之后，主要依靠学生自己独立学习、自己管理自己。

3. 学习的实践性

大学中实践性的课程占有很大的比例，有的多达一年，有的基本上是实践性的（如局部解剖学），另外在一定阶段还要进行专业性和社会性实践。这是学习专业课所必需的，是培养独立工作能力，独立思考能力，解决问题的能力所必需的，不能忽视。

4. 学习的创造性

在学习中，要发展创新精神，不只是学习现成的知识，要动脑筋。创造，不仅是存在于医学科学本身的发展过程中，在工作中也应该有创造精神，托尔斯泰曾说：“如果学生在学校里学习的结果是使自己什么也不会创造，那么他的一生将永远是模仿和抄袭。”科学越发达，越需要有创造精神的人去完成各项工作。

5. 学习途径的多样性

课堂学习虽然还是大学生学习的主要途径，但不是唯一的途径，像中学那样。此外，还可以到图书馆，查阅资料，听各种学术报告讲座，自己组织学习小组，进行自学等。综上所述，这些特点，给大学新生带来了各种不适应。

二、大学新生不适应的几个主要方面

（一）生活上不适应

大学生在生活上的不适应，主要表现在两个方面。一个方面是从长期的依赖性生活到走向独立生活的不适应。在中学时期，生活上、学习上的一切全由家长和学校包办。多数缺乏独立生活能力，有的学生甚至不会洗衣、叠被，不会计划自己一个月的伙食。一旦远离家门，离开家乡和亲人，离开多年熟悉的老师、班主任，走到一个生僻的地方，生活上的一切都要由自己做主，自己计划安排，自己亲自动手，因而一时难以适应。另一方面是从相对狭小天地里走向开放的“世界”的不适应。在中学的年代里，不管在城镇还是在农村，他们的活动范围一般比较狭小，从家门到校门，两点一线，终年奔波，由于一门心思要考上大学，学习忙碌，生活紧张，加之家长和老师管教严厉，很少有机会参加学习以外的活动，在这种环境下，很多学生形成了一种闭锁心理。进入大学后，走入了大学的“小社会”里，打破了原来的小圈子，校园大了，房子高了，主要是老师和同学的生面孔多了，不像是中学时的老师、同学，多是来自同一个地方的家乡人，大学的老师、同学来自天南海北、五湖四海，虽然都是为了同一个目标，但性格、习惯各不相同，使每一个同学都处于一个全新人际关系中，这对于一个既缺乏独立生活能力，又没有社会经历的青年来说，一时却难适应新的环境。

（二）学习上不适应

这种不适应主要表现在学习中的三个变化。

1. 学习目标的变化

在中学的学习目标主要是为了考取大学。但为什么要上大学，确有不少学生是不明确的。比如在农村的学生考大学是为了跳出“农门”，在城镇的学生考大学是为了找个合适的工作，还有的学生是奉父母之命而走进大学门的，如此等等。他们还没有考虑或者还没来得及考虑进入大学的学习目标，这与国家和社会对他们的要求相去甚远。

2. 学习内容的变化

大学里属高等专业性教育，课程门类多，每门学科的内容多，信息量大，书本厚，一个学期一发就是七、八本书，十来本书，重叠起来就是一大摞，一本书四五百页，比中学一学期课本还厚，更不要说还需要阅读琳琅满目的各种参考书和中外文杂志。比中学六年读的课程要多许多倍，而内容深度和难度更大得多。因而读惯了一般文化知识，转入大学课程，一般难以适应。

3. 学习方法的变化

在中学时期，由于学习内容少，进度慢，教学方法一般是灌输式，因而养成死记硬背的习惯，缺乏独立学习的能力。到了大学，教学方式有了很大的转变，所以学习上产生了很大的矛盾。一是不习惯大学讲演式的讲课方法，思维活动跟不上教师的教学进度，抓不住重点；二是上课不会做笔记；三是不会独立完成实验操作，不会使用实验仪器；四是自学能力差，不会使用参考书，甚至没有时间阅读参考书；五是不会安排学习时间，对于怎样计划预习复习，怎样安排学习、休息与文体活动的时间，缺乏了解和主动，甚至有的学生没有学习计划，天天陷于被动局面，这样自然很难取得良好的学习效果。

（三）心理上不适应

由于上述生活、学习的不适应，必然引起心理上相应的不适应。如理想与现实的矛盾，一部分学生在进大学前，把大学的生活太理想化，到处是“花前月下”“小桥流水”“鸟语花香”“书声琅琅”。入学时也感到处处新鲜、好奇，似乎一切都是美妙迷人。但进入大学不久，便发现大学校园并非如想象中的“花园”、“天国”。同学之间虽然同吃同住，但互相还不了解，时有生疏之感，不像中学那样熟悉亲密。“看人只说三分话，未可抛却一片心”。加之整天宿舍—教室—食堂，三点一线，紧张而艰难、单调而刻板，从而产生了“独在异乡为异客”的孤独感和消极情绪。又如强烈的求知欲与学习能力差的矛盾。由于大学里特别是医学院校里，课程多、内容多、书本厚，图书资源丰富，对学习要求高，比起在中学的学习，明显感到过去所学的东西太少。因而一方面激起了强烈的求知欲，觉得要学的东西太多，也希望学到更多的知识；另一方面，又由于中学时养成了那种死记硬背的读书方法和缺乏必需的自学能力形成的反差，从而产生了心理上的另一个不适应。再如独立与依赖性的矛盾，大学生入大学后，远离家乡、亲人、朋友，开始步入独立生活的道路，但因长期形成的一切依赖心理，一时难以适应，往往产生一种失落感。

由于各方面的不适应，是每一个大学生学程的转变时期，一种必然现象。这种不适应，不同的人对学习必然产生不同的影响，而且由于每个人的个性心理品质不同，适应期的长短也各有不同，短者数月，长者一年半载。因此，大学生应该不失时机地找到适应新环境，改变不适应状态的方式和方法，缩短适应过程，尽快摆脱“不适应”的窘境，减少对学习的消极影响。

第二节　适应大学学习生活的方法

简单来说，就是珍惜大学生这一人生的黄金时期，珍惜高等教育这一学校教育的最佳环境，对于大学作一番认真而全面的反思，从而调整自我，正确的把握自我。

一、大学生是处于智力发展的飞跃期

青春期是人生的黄金岁月，这个是其特点是富于理想、思想活跃、情感丰富、朝气蓬勃、充满活力、乐于进取的时期。表现在：

（1）身体生长发育基本成熟，各个器官、系统均基本发育完善，尤其是神经系统发育达到高度发育的程度。研究证明，18～25岁之间，脑细胞内部结构和机能的复杂化过程剧烈的发展。大脑功能发达的程度，主要取决于脑细胞本身结构的复杂化和脑细胞之间建立联系的多少。大学生处于脑细胞建立联系的上升期，经过学习、训练、皮层细胞活动的数量迅速增加，形成各种神经网络。这些都将为思维发展创造物质条件，为高效率学习打下坚实基础。

（2）大学阶段是智力结构发展的“飞跃”阶段。智力包括观察力、注意力、记忆力、思维力、想象力五大要素。如注意力集中，定向注意力比少年强，能够集中在一个事物上，不会像

儿童那样很容易转移注意力。又如记忆力,也是正强的时期,据研究,10~17 岁为 95%,而 18~29 岁时则为 100%,为鼎盛时期,其他想象力丰富,思维活跃等。

(3) 大学阶段是能力结构系统飞速发展的阶段。能力是指人们从事某项活动完成一定任务的本领,就学生而言,如自学能力、操作能力、组织管理能力、表达研究能力等。大学阶段,由于智力结构系统的飞速发展,必然引起能力的结构系统的全面发展。

(4) 大学阶段是学习心理品质结构系统完善阶段,是人生观、世界观的形成阶段。表现在:①成人感、独立感增强,积极进取,奋发向上,充满生机与活力。青年人常常表现出"无坚不摧,攻无不克"的气概。正如李大钊所说:年轻人之字典无"困难"之字,青年之口头,无"障碍"之语,这正是奋发向上拼搏成才所必需的精神状态。②富于理想,对未来充满希望。随着知识的增长,视野的开阔,生活范围的扩展,对人生的意义和价值有了新的思维和认识。对自己的前程和未来有了新的构想,渴望用自己的聪明才智为社会作贡献。这正是成才的精神支柱和内在驱动力。③热情奔放,情感丰富而强烈。这也是加强成才修养所必需的情感基础。以上情况标志着一个由不成熟走向成熟,标志着人生观、价值观逐步形成的阶段。

二、学校教育的最佳时期

1. 高级教育层次

大学教育是高级的教育层次,也是以培养专门人才为目标,传授和学习高深的学习和技能,进行高级职业能力和高级道德规范、行为训练的教育。

2. 高校有优越的教育条件

大学是知识密集,多学科高级专门人才比较集中的地方,有精选的图书资料,先进的仪器设备。教学内容是按照特定的培训目标和职业要求综合设置的,体现着本学科的系统知识和最新研究成果教学手段比中学、小学或电大等更为优化,这就为人才成长提供了优越环境和条件。大学时期的教育是学校教育的最佳时期。特别指出,做学生的要充分认识老师的重要作用,教师对他们教的学科内容有丰富的知识和经验,清楚它的历史,了解它的动态和发展趋势,有一定的治学经验和学习心得,在教师指导下,在学习时可以避免由于盲目摸索、反复试探所造成的时间上的浪费,可以减少因学习方法不当而走的弯路。所以,古人就知道教师的重要性。韩愈说:"古之学者必有师。"柳宗元说:"不师如之何?吾何以成。"

三、调整自我尽快适应大学生活

为了尽快适应大学的学习生活,医科大学生应该在了解学校的客观环境的基础上,做一番认真反思,从而调整自我。

1. 反思自己上大学的动机

据了解,近些年来,学生来大学的动机是各种各样的。有些学生入学动机是不够端正的,他们只是为了个人出路而求学,没有和社会理想、历史责任联系起来。没有正确的入学动机,因而很难有正确的学习动机。马克思主义认为,人类社会是不断由低级向高级发展的,推动这一发展进程的是生产力和生产关系的矛盾运动,而这一矛盾运动是靠人类活动实现的。人才正是在满足人类社会发展需求和推动自身发展的需要中产生并实现其价值的。当代中国大学生,只有把成才的主观愿望和社会发展的客观需求统一起来,才能在学业上、事业上获得成功，才能有所建树。因此，明确自己的历史责任，端正入学动机，是适应学校生活，学习要求建立心理平衡的重要前提。

2. 确定新的学习目标

21 世纪的大学生的学习目标不但与中学的不同，而且，比 20 世纪 50～60 年代大学生的学习目标有更高的要求。我国 21 世纪是改革的时代，是世界新技术革命的时代。时代要求大学生必须把自己塑造成为具有现代化素质的新型人才。当代大学生不但必须具有爱国主义思想、集体主义观念、刻苦耐劳的品质与和谐友爱的精神，还必须具备改革观念、务实作风、创新意识和进取精神；具备能够适应复杂的社会环境的政治、思想、道德素质，具备能够适应现代化建设的业务水平和迎接世界新技术革命挑战的能力。

医学院对人才的要求，是既有高尚医德，又有精选的医术，能够以自己的创造型劳动，对人类健康和医学发展做出贡献。我国尚处于社会主义初级阶段，经济还很落后，受经济制约，医疗卫生事业和世界上发达国家相比还有很大差距。卫生专业人才严重不足。1985 年，每千人口中，只有医师 0.7 人，而发达国家每千人口则有医师 1.5～3 人。世界卫生组织于 1975 年提出"到 2000 年人人享受卫生保健"的全球战略目标。它提出的健康的定义是"健康不仅是没有疾病和疼痛，而且是个体在身体上、精神上和社会上完美的状态。"这一目标的提出标志着医学从临床医学时代发展到临床医学、社会医学和预防医学时代并将发展到人人享有卫生保健、身心都处于良好的健康的时代。这无疑是对医学工作者提出了一项造福人类的艰巨而又光荣的任务。今天的医学生，几年后就是医疗战线上的新生力量，并且是跨世纪的医务工作者，应该认识到自己对实现这一任务有更直接更重大的责任。这就是医科大学生应该确立的新的学习目标。

3. 扬长避短，自觉发挥主体作用

人贵有自知之明，正确认识自己，客观地把握自己的长处和短处，从而扬长避短，有助于尽快适应新的学习环境。一年级大学生应及时意识到自己进入了一个新的里程，迅速实现从中学到大学的转变，是摆在自己面前亟待解决的新课题。应该冷静地对待客观环境和自己，既不要盲目自信，也不要畏首畏尾，积极而又认真地解决问题。在生活上，要自觉地转变依赖心理，增强独立意识，把大学生活当成锻炼自立能力的良好时机，积极参加校内的各种文体活动，扩大和同学的接触交往，摆正个人和集体的关系，对同学多体谅、少要求，把自己融汇于和谐的集体之中，排除想象之苦、孤独之感，切记不可把自己"闭锁"起来，顾影自怜，忧思伤感。在思想上要胸襟坦荡、豁达大度，要主动和同学交朋友。《学记》上说："独学而无友，则孤陋而寡闻"，交往是青年时期的心理需要，也是学习成长的重要条件。既要和同寝室、同班级的同学交往，在相互帮助中加深了解、和谐相处，也可与高年级的同学交往，请教学习方法、自我管理和适应新环境的经验，学习别人之长，弥补自己之短。遇到思想矛盾，自己又无法排解时，积极争取他人的帮助，特别要争取班主任、辅导员的开导和启发。在学习上，要自觉主动的探讨大学学习的特点和基本规律，协调学习中的各种相互关系，最大限度地发挥学习的主观能动性。切忌把考取大学当做歇脚的凉亭，而不求进取，切记因专业不如愿就悲观和消极懈怠。这里特别要提醒一部分学生，他们认为考上了大学就进入了"保险箱"，"进入大学门，就是国家人"。于是对于学习就漫不经心，漠然处之，白天睡大觉，晚上"墨方城"，大好时光，白白浪费掉。一旦放松对自己的要求，让惰性发挥起来，自己就难以控制。这样下去,即使不误入歧途,也不会学到什么东西,将来走上工作岗位,不能适应工作要求,那时就会后悔莫及。人总是要有点精神,就是要有远大的理想和抱负,要为社会、为人民多做贡献,不能光想着自己的享受和安逸。这是人生的精神支柱,有了这个精神支柱,就能发挥自己的主体作用,排除一切干扰,缩短适应期,向着正确的目标,以昂扬的斗志和坚忍的毅力,在新的学习征途上不断前进!

4. 正确对待外部环境的影响,把握自我

第一,必须学会自治、自立、自理,要能客观全面地、一分为二地看待自己的长处和短处,优点和缺点,经常分析影响自己学习动力的原因,及时警告自己,调整自己的行为,做到"出淤泥而不染"是自己的良好个性品质得以发展。第二,要自尊、自信、自强、要向高目标看齐,"参考系"很重要。"见贤思齐,见不贤而内自省也"这是孔子对学生的要求。第三,坚信知识的价值是永恒的。应该看到随着现代科学技术的发展,各级各类人才,尤其是高级专门人才,在社会生活中的地位和作用将越来越突出。当前,人才的质量和数量已成为衡量一个国家经济军事实力与潜在力量的重要指标。当代大学生的任务和历史使命,就是要把我国建设好,做出自己的贡献,没有知识是无法完成使命的。

第二章　医学科学的特点和医学生的合理知识与智能结构

第一节　医学科学的特点

了解医学学科的特点，对于学习医学的学生，是首先应该解决的问题，它对与学习的全过程具有根本性的指导意义。可以概括为五个方面。

一、医学知识的整体性

"医学是旨在保护和加强人类健康、预防和治疗疾病的科学知识体系和实践活动，医学和社会科学、自然科学(生物学、物理学、化学)都有密切的联系，因为医学研究的是与自然和社会相互联系着的人。"根据20世纪60年代初《科学技术词典》对医学的定义，医学以研究人为对象，故人的整体性决定了医学知识的整体性。人体的构造十分复杂，不仅各器官、组织、细胞种类繁多，数量庞大(如骨头二百多块，肌肉六百多条，肺泡约三四亿个，大脑皮层细胞约140亿个等)，而且各器官、组织细胞等的形态结构功能也各不相同，但人体各部分都不是孤立存在的，而是在神经系统主导下，互相联系，彼此制约，连接成一个完整的有机体。人体是一个开放的系统，与外界环境之间不断进行物质、能量和信息的交换，从而保持着动态的平衡；认识人体的整体性，对于指导医疗实践具有重要意义。在诊治疾病时，必须坚持整体性原则，正确处理整体与局部的关系。例如采取病史要系统，体格检查要详细，分析问题要全面，不但要看到局部，还要看到整体；不但要考虑器质性病变，还要考虑到功能性病变；不只是注意生理上的原因，还要注意病理上的因素等。否则，就会犯片面性的"形而上学"的错误。一个医学生了解了医学科学的整体性特点，从而就能认识到系统学习医学科学的重要性和必要性。

二、医学的社会性

医学是自然科学和社会科学两大门类相结合的科学。医学研究的对象是人而不是物，而人具有社会和自然两种属性。因而医学就必须研究人的社会属性和自然属性两个方面的问题，要研究社会因素对人体健康的影响及其规律。根据人同周围环境相一致的特点，周围环境可分为自然环境和社会环境。人既生活在自然环境中又生活在社会环境中。人改变着周围环境，外周环境也通过不同的方式影响着人类。人与周围环境既有适应的一面，又有不适应的一面。当外界环境中的变化超过了人的适应范围时，就成为致病因子。由此可见，除了自然因素外，社会因素也与人的健康密切相关。

恶劣的社会劳动条件可以引发许多职业病，环境污染日益威胁着人类的健康，还有突然的精神刺激、长期过度的精神紧张或长期抑郁的心理状态都足以导致人体自主神经系统功能紊乱或内分泌紊乱。人们的科学文化水平、社会地位对健康也有重大影响,如年龄、性别、种族、职业、教育、经济收入、婚姻、家庭情况、居住环境等对疾病的发生、发展和转归都有密切的关系。如危害人类健康极大的性病、艾滋病、吸毒、酗酒等就是明显的例证。社会制度和医学的关系是显而易见的。在中华人民共和国成立前人口平均寿命,城市约为 35 岁,农村不到 30 岁,总死亡率约 200‰ 以上。解放近 40 年来,尽管人均国民生产总值还是很低,但由于我国社会主义制度优越,经常开展爱国卫生运动,重视地方病普查和防治,普及卫生知识,实行合作医疗等制度,这一切都大大提高了我国人民的健康水平。据统计,目前我国城市人口的平均寿命已超过 70 岁,农村超过 60 岁,总死亡率约为 6‰~7‰。

当前,医学正向着生物-心理-社会医学模式转变,从而对医学教育提出了新的要求。有的学校已经开设了心理学、社会学、社会医学等人文科学课程,使医学生的知识结构更趋合理。

三、医学的实践性

医学是一门实践性很强的科学。无论从医学的起源、发展或是其应用,都十分明显地表现出这一特点。早在远古时代,我们的祖先在生产劳动的同时,在长期与自然灾害、猛兽、疾病作斗争的过程中,开始了保健医疗活动。18 和 19 世纪的近代科学,以实验观察方法为基本特点,使医学获得了巨大发展。无论是英国外科医生贝尔(1774~1842)的神经生理研究、德国病理学家魏尔啸(1771~1802)细胞病理学的确立或是法国生理学家巴斯德(1822~1895)开创的"细菌生物学时代"都是以事实为依据,通过实验观察方法,取代了器官感应、体液失调等笼统的直观猜测。因之被称为实验医学。

在医疗活动中,一个医生在诊治疾病的过程中,从望、扪、扣、听,收集患者的症状、体征,运用已有知识、经验作出诊断,到实施治疗过程中不断得到反馈,积累临床经验、从而不断发展和提高自己的能力,有时往往形成不同的风格。说明实践在医学发展和医疗活动中占有特别重要的地位。

著名医学史家彼得罗夫说:"医学是一种实践活动,同时也使人们在各种社会条件下保持健康、预防和治疗疾病的一个科学知识体系。"G. H 罗歇在《医学导论》中说:"医学一方面被看做一门科学,另一方面被看做一门技艺。"医学的实践性特点,反映在医学教育的计划中,十分重视实验、实习、见习等教学环节,以培养医疗技能、科学思维和独立工作能力。

四、现代医学的特点

主要表现在其发展趋势,一方面向微观深入,一方面是向宏观发展。前者是指向亚细胞水平、分子水平乃至量子水平深入,去研究生命活动和疾病的病因和病理,因而产生了相应的分支学科,如分子形态学、分子生理学、分子药理学、分子病理学、分子免疫学等,进入到"分子医学"时代。而宏观扩展就是向超级体系统,即把人群当做一个系统,进一步扩展到生态系统,对生命活动和疾病过程进行综合研究,出现了相应的环境医学、生物医学工程学、医学地理学、医学气象学、医学社会学等边缘学科。也可以说进入了"系统医学"的新时代。一方面不断分化,研究的越深越细;另一方面,趋于综合,研究范围越来越整体化。为适应医学科学这一发展特点,医学生必须建立其整体化知识结构。

五、中西医并存，是我国医学的独有特点

祖国医学是我国民族的传统医学。它经历了悠久的历史，是中华民族长期医疗经验的积累和总结。具有一套独有的理论体系和治疗方法。对中华民族的繁衍做出了巨大贡献。在理论方面的独特之处，一是整体观念，二是辨证施治。在治疗方法上，除了药物内服、外用之外，突出的还有针灸、按摩等医疗技术，反映出我国民族的富于创造的特点。

时间是检验真理的唯一标准。世界上经验的自然科学由于自身的局限性，在近代相继被实验科学淘汰了。唯有我们祖国的医学，不但把一个完整的医疗体系保留到今天，而且还处处爆发出夺人的光彩。祖国医学不仅在过去久远的科学技术条件极贫乏的年代，成为中国人民同疾病作斗争的有效武器，其中有的著作广泛传播亚欧各国；而且，即使在科学技术极其发展的今天，闪耀其光彩，甚至连一些著名外国学者亦赞文言我们祖国的医学为“宇宙的医学”。研究中医结构，杂志遍及日本、美国、法国、英国、意大利等国。毛泽东同志称中国医药学是一个伟大的宝库，我们国家的医学家也著文称赞中医为“科学史上的一个奇迹”。这足以说明中医是值得学习、继承和发展的。

第二节　医学生的合理知识结构和智能结构

自然界的物质，大多数是由多种元素依照一定结构组合而成，例如碳原子的一种结构方式，可生成较轻的石墨，另一种结构方式，便可形成坚硬的金刚石。可见结构方式的不同，组成不同的物质，效能便大不一样。人的知识和能力，也有一定的组成结构，医学生也不例外。因此，当你踏进医学院大门，对于学习医学所要达到的目标，涉猎的知识领域，一个医学生应该建立怎样的智能结构，做一个概括地了解，作为学好的第一步，毫无疑问，是很有益处的。下面分别一一介绍。

一、构建医学生的合理智能结构

智能结构是指一个人具有的知识，技能和能力所组成的多序列、多要素、多层次的动态综合体。简言之，智就是智力和能力。智力是指人们认识客观世界并能做出适当反应的一种心理能力，它包括观察力、注意力、记忆力、想象力和思维力的总和，其中思维力是智力的核心，是智慧的集中表现。能力是指在智力基础上掌握知识、运用知识的本领。

（一）建立智能结构的原则

医学生的智能结构的建立应以医学科学的特点和将来从事工作的需要为依据，并应符合下列原则。

1. 效能原则

当毕业之后，在大学形成的“智能结构”能有效地为医疗卫生事业和医学发展服务，并作出较大的贡献。

2. 适应原则

合理的智能结构应是能适应各个时期科学发展特点和趋势的结构。现在科学发展的基

本特点,出现了既微观深入又向整体化发展的趋势,适应这些基本特点,大学生获得的知识也应该是整体化,互相渗透,互为补充,做到博采百家,自成一体,并且具有从一个领域转另一个领域的能力。

3. 创新原则

大学生的智能结构应是能不断地向某个学科领域主动发起进攻的结构。因为科学的生命在于探索,进攻;科学劳动一是一种富有创造性的劳动,唯有探索、创造,未知领域才会被占领、被开拓;已知领域才会出现新思想、新成果。

4. 个性原则

没有个性就没有人才。智能结构虽有共性,也有个性。最佳的智能结构都是因人而异的。每一个用自己创造性的劳动对社会做出较大贡献的人才,都是建立了自己独特的智能结构才取得的。不同类型的人才应有不同的智能结构,不同专业的大学生也应该有不同的智能结构。

(二) 医学专业大学生应具备的能力

本着上述医学科学特点和几项原则,大学生在整个学校学习的过程中,应注意培养下列几种能力。

1. 自学能力

自学能力是指人们获得知识的能力。由于医学与其他学科技术一样,迅猛发展,知识的陈旧周期缩短,为了适应医学发展的形式,不断地获得新知识、新技能,调整自己的知识结构,医学生在学校学习期间,必须培养起自学能力,才能在学习上取得主动权。自学能力包括阅读中外文书报杂志的能力,使用各种工具书的能力和查找资料、积累资料、有效地应用资料的能力。有了自学能力,就从根本上解决了有限的学习时间与无限的人类知识之间的矛盾。

2. 观察能力

是指人们通过惊喜的观察活动认识各种事物特点的能力。人们要认识事物,就得认真观察,不断积累感性资料,为理性认识创造条件,所以观察能力是认识能力的基础。在医学院里,观察能力主要有观察图片、图表、模型、标本的能力,如辨识人体的正常或病理标本的能力,观察和描绘正常与病理组织切片的能力,鉴别微生物、寄生虫的能力;观察病人病情发展变化的能力;通过感官、仪器获得信息的能力。医学生在校期间应该十分注意培养自己的观察能力,并随着医学知识的增长,不断提高自己的观察能力。

3. 记忆能力

记忆是识记、保持和再现观察事物的心理过程,是思维活动的基础。在医学院校里,由于医学的特点,课程门类多,课程内容容量大,要求掌握大量的知识信息,这就给以学生的记忆能力提出了新的要求。在校学习阶段,学生不仅要掌握大量的基础医学、临床医学知识,还要了解许多医学边缘科学的内容及各种规范操作技能。在接触临床工作技能后,面临的是临床复杂的情况,各种疾病之间的鉴别,千变万化的治疗手段,千百种药物的性能剂量适应证和毒副作用以及患者、患者家属的诸种心理变化。因此没有良好的记忆能力,是难以胜任的,培养记忆能力是十分重要的。

4. 思维能力

是人们掌握事物本质和规律的能力，和观察能力相比，观察能力是人们直接认识事物的能力，则思维能力包括分析、综合、比较、判断、对照、抽象、概括、推理和想象等能力。医生的工作是不能离开思维能力的。医学实践告诉我们，一个医生的水平高低，不仅和掌握技能、知识的多少有关，而且同思维的深度、广度和思维方法的正确与否有直接关系。思维能力是医生素质的重要组成部分。医学生从入学起就要注重培养和发展自己的思维能力。

5. 实际操作能力

就是用自己的双手作用于客观事物，改变客观事物的能力，是技能和知识的结合应用。在学习期间，就是指实验能力，实习能力；接触临床，就有使用诊疗器械对病人实行诊疗操作的各种能力。准确而精细的操作能力在诊疗疾病过程中占有重要的地位，诸如从简单的静脉穿刺、椎管穿刺，内窥镜的使用，到现代化的仪器设备的使用，如电子显微镜、电子计算机、高精度分析仪等，都是一个医学生应该训练，并逐步达到熟练掌握的程度。

6. 表达能力

包括文字表达、口头表达和图表表达等能力。这是一个常被忽视的问题。事实上，在医疗实践中，这种能力同思维能力一样重要，如向病人和家属采集病史，说明病情，交代预后，防病、保健的卫生宣教等，或讨论病案带教学生，都需要良好的口头表达能力，或叫语言艺术；而书写病历，总结经验，撰写文章等，则需要精简而科学的文字和图表表达能力，培养这种能力，不仅是做出正确诊断的重要途径和方法，也是一个医生科学态度的具体反映，对病人病程的发展和转归发生重要影响。培养这种能力，需要多方面的知识，如医学的、社会的、心理的、语言的等知识的综合应用。

7. 组织管理能力

这个问题也是一个常被忽视的问题，认为那只是领导者的事，这是一种误解。一个医生在治疗疾病的过程中，在抢救急诊的过程中，都不只是一个人的事。只要有两人以上完成的一项工作，就有一个配合问题。即便是一个人的工作，也有对整个医疗过程的计划安排问题，这都需要有组织管理工作。组织管理能力包括计划、决断、预测、指导、指挥和组织能力，以及总结经验的能力等。如果担任教学、科研任务，这种能力尤为重要。它对于合理地发挥人财物和信息的作用，科学地利用时间，准确地完成任务，减少工作失误，提高工作效能，有着不可估量的作用。

8. 创造能力

是指不墨守成规，富于创新精神，能够发现新问题，提出新理论，开拓新领域。向未知科技领域进攻的能力。创造能力是各种知识技能的综合应用和集中表现，是智能发展的高级阶段。创造能力的培养，是现代社会对人才的要求，并且认为，青年人只要有了创造精神，我们的民族就大有希望。

二、构建医学生的合理知识结构

知识是形成技能的基础。人的才能是建立在知识的基础上，由知识转变而来的。一般说来，知识的积累和智能的发展是一致的，知识和能力是十分密切的。因此，培养并获得上述各种能力，就需要与之相适应的知识结构为基础，否则，培养能力就是一句空话。

医学生的知识结构应包括下述五个方面。

(1) 有关人体生命活动规律的知识。主要学习人体的形态构造和生理功能,包括人体解剖学、组织胚胎学、生理学、生物、生化等课程。

(2) 有关人体与外界环境的相互关系的知识。主要是外界环境因素,作用于人体而致人发病的有关知识。分两类,一类是自然环境因素,包括生物因素,如寄生虫、微生物和理化因素等课程;一类是社会环境因素,包括社会学、心理行为学等有关课程。

(3) 有关人类疾病的发生、发展和治疗、预防、消灭的规律的知识。这部分知识,内容相当广阔,包括病理、药理、临床的诊断、治疗等各学科及预防医学等课程。

(4) 有关研究和发展医学的自然科学知识。包括数学、物理、化学、生物等课程。

(5) 基础知识,指最基本的知识,即工具性和方法性的知识,如语文、外语、医学统计学、医学辩证法等课程。上述五个方面的知识领域,反应在教学计划中,就是普通基础课,医学基础课、临床专业课和预防医学课;有些知识列入选修的范围。但是我国目前不少医学院校尚未完全开出这些课程,因而不能适应培养学生合理智能结构的需要。

第三节　医学生的学习特点和方法

一、医学学习规律

学习应该遵循学习的基本规律,即认识—实践—再认识规律。医学是认识和增强人类健康、预防和治疗疾病、促进机体康复的科学知识体系和实践活动。医学知识体系是人类知识体系的一部分,同样应遵循人类学习的基本规律,即“认识—实践—再认识”。然而,由医学科学的性质和特点,又决定了医学学习应遵循以下特殊规律。

(一) 全面发展

医学生的智能包括知识和能力两大方面,二者相辅相成,互为条件,互相促进。知识是发展能力的基础,能力又是获得知识的重要条件,是知识的升华。技能是从掌握知识到能力形成与发展之间的中间环节。技能对能力的发展有重要作用。医学生在学习的过程中要遵循知识、能力、态度共同发展的规律。提倡手、脑并重,防止轻视实践操作能力。

(二) 德业相辅

由于医学研究的对象是人,又服务于人,因此,医德和职业素养是医学生学习的主要内容之一。医务人员不仅要求有渊博的医学知识和精湛的医疗技术,更重要的是要有优良的职业修养。医德和医术是相互联系、相互促进、相辅相成的。一个医学生只有把大众的利益放在心上,把为病人解除痛苦视为天职,才能激发学习的热情和奋发向上的精神。医学的飞速发展要求医学生只能刻苦学习,钻研更多的知识,才能适应时代发展对医学的要求。所以医学生应遵循德业相辅的规律,培养良好的职业道德、职业素养,努力钻研业务,不断攀登医学高峰。

(三) 终身学习

医学教育是一个连续统一的整体,是一项系统工程。由于医学学科的特殊性,决定了医学教育是一种终身教育。目前国内外医学教育界已经达成共识，将医学划分为医学院校教育、毕业后医学教育和继续医学教育。医学院校教育主要教授医学、自然科学、社会科学的基本知识和临床技能，培养医学生的全面能力，为今后从事临床、教学、科研工作奠定坚实的基础和发展潜力。毕业后教育是医学生成长为医师的重要阶段，要求医科毕业生经严格、规范的培训，具备将医学理论知识应用于医疗实践的能力，进而深入到临床医学各个专业更深层次的研究领域。继续教育是医务工作者不断更新、补充医学新理论、新知识、新技术、新方法的过程，是把握医学科学最新进展，并将其成果应用于医疗实践的过程，这一过程将贯穿于医务工作者职业生涯的始终。因此医学生要遵循终生学习的规律，选准学习方向，确定学习内容，以自学为主，采取各种灵活的学习方式，不断充实。扩展自己的智能结构和知识领域，以适应科学技术、社会发展与竞争的需要。

（四）人文素质的培养

20 世纪 80 年代末的大学关心更多的不是自己的就业，而是一些看上去跟自己毫无关系的问题，譬如尼采的哲学，欧洲思想启蒙时期的伟大著述，以及对于中国历史和现实的反思，等。对这些问题的思考几乎与任何功利目的无关，但是这种思考却直接影响着文化和社会的未来，所以被称为终极关怀。

20 世纪 90 年代以后，中国大学生的这种非功利的历史使命感迅速消退了。大学生面对的就业压力越来越大，就业被放在了大学生活最重要的位置，对于哲学、历史、社会等问题的思索变得越来越无足轻重，甚至如果有人拿一本尼采或者哈耶克的著作去自习室，宿舍的同学还会觉得不可思议。与此同时，浅薄粗俗的东西开始在大学大行其道。在演艺圈混出点名堂的人轻而易举就成为了大学特聘教授，而所谓“美女作家”们的那些矫揉造作的文字也成为很多大学生心中的文化图腾。于是，一批又一批的思想侏儒从大学的流水线上生产出来。

在一个价值多元的时代，任何一个人都有权利选择肤浅或者深刻，但是大学生有理由让自己更有深度，也有理由承担更多的历史使命。大学生不但应该接受系统的思维训练，具备独立思考、深入分析的能力，而且应该用思想的深度来将自己和非大学生区别开来。虽然大学生越来越普遍，但是，大学生作为一个整体仍然是我们这个民族的知识精英阶层。

要做一个思想深刻的人，以下两个方面是缺一不可的：第一，多看有思想深度的书；第二，将自己的思想植根于现实的土壤。

这里所说的书并不是跟专业知识、毕业求职有直接关系的书，而是说哲学、政治、历史、社会学等多个领域的书籍。不是只有心理学专业的学生才能研读弗洛伊德，也不是只有近现代历史专业的学生才有必要翻看《独秀文存》。这些书籍并不能给你一种直接的工作技巧和专业技能，但是，他们能让你更好地了解自己、了解社会。古人云：腹有诗书气自华。此处的“书”虽然可以做相当宽泛的理解，但应该是文史哲类图书而不是指《ASP 网络开发技术》《微观经济学 19 讲》之类的书籍。

在“与柏拉图为友、与亚里士多德为友”的同时，还应该与社会现实为友。读大学的目的不应该只是毕业后能够胜任一份理想的工作，因为走出校门以后将要面对的不只是一份工作，而是整个纷繁复杂的社会。如果没有对社会现实的关注，如果自己的视野只局限于自己的利益范围之内，那他只会被这个社会孤立在非常狭小的空间里。对现实的关注不一定能够让你得到什么，社会也不一定会因为你的关注而发生什么改变，但是，如果谁都不来关注，那到底该由谁来推动社会的进步？

当然我们并不是不切实际地要求每一位医师成为百科全书式的人物。医学科学本质上是一门手脑并施的艺术，不仅有知识通道，还有理解的通道、智慧的通道，有操作过程的快乐。我们应该帮助医学生根据自己的认知个性、人格取向建立各自有序、有益、有慧根、有情趣的阅读生活与道德生活，通过非职业阅读、道德体验与反思来培养人文情愫、道德境界，使他们的医学生涯充满着智慧。

中国的人文传统源远流长，典籍如山，但经、史、子、集的知识构架与厚古薄今的文化价值只能与传统中医相续接，把它嫁接到现代医学的肢体上就显得十分尴尬。因此，在现代医学教育史中，中国传统的人文流脉中断了，仅寥寥几所医学院校开设传统中国文化的选修课程，医学生的课余古典阅读也非常有限。所以，医学走向多远关怀有两项迫切的任务，一是译介西方的人文医学新作，二是加强对中国传统人文医学典籍的现代性阐释。通过这类工作来改造以实用知识、技能为中心的价值褊狭以及教条阅读、呆板理解为特点的教研体制，使中国医学在多元关怀的倡导与实践中，焕发更多的智慧与活力。

二、医学的学习特点

医学科学独有的特征，加上新医学模式的建立，促进了医学教育的变化，同时，也给医学教育及医学生的学习带来了许多新的问题，这就决定了当代医学教育学习的“四多”特点。

（一）医学教育文理交融，学制长，科系、学科设置多

一般理、工、文等专业的大学教育学制为四年，而医科大学教育学制均在5年以上，设有不同专业，如基础医学、临床医学、口腔医学、中医学、药学、预防医学、护理学等。从每个专业所设的课程来看，也大大超过了普通文理科。2007年颁发的教学计划就设有医学基础课、临床专业课等在内的近百门课程。

（二）医学属于生命科学，社会意义大，必须掌握的内容多

医学专业培养的是德智体全面发展，能胜任医疗、预防、护理、检诊等工作，具有过硬技术、对人民健康、康复高度负责的专门人才。因此，无论本科还是专科教育，需要学生掌握人体形态学、机能学、病理学、药理学、诊断、治疗、手术及预防等知识和技能，有关内容十分庞杂、繁多。这些从宏观到微观、从直观到抽象的知识理论，与其他科系相比，需要学生理解记忆掌握的名词概念、基本理论知识、基本操作技术都多，所需要总学时是文科、理工科专业所无法比拟的。

（三）医学实践性强，实习、实验课比重大，操作多

医学专业的实践性很强，全程约有1/2的教学时间用于实验或实践。医学课程以实验室实际形态观察学习和实验的操作为主，目的是使学生理论联系实践地学习，验证课题理论，加深对理论的理解和运用，培养学生的实验动手能力和实验认识能力；中后期课程主要

是以临床见习和实习方式进行实践教学,目的是训练学生的临床诊断思维能力和独立分析解决临床实际问题的能力。

(四)医学科学发展快,需要更新学习的知识多

随着医学的发展,一方面,由于电子显微镜、X线衍射等现代技术的应用及分子生物学学科的建立。使医学研究从个体水平、器官水平、细胞水平,进入到分子水平。从微观角度对生命活动和疾病进行分析,因而相继出现了分子形态学、分子药理学、分子病理学、分子遗传学等,从而加深了对许多疾病的微观认识,创造出了许多新的防治措施。另一方面,由于物理、化学、生物工程技术的发展,促进医学出现了"影像医学"、"原子医学"、"超声医学"、"激光医学"、"电子计算机医学"等崭新的学科群。

由于以上两个方面的情况,决定了医学观念将发生较大的变化。医学模式在生物-心理-社会医学模式基础上,出现新的内容和变化;人们的健康观、治疗观、预防观呈现预防、治疗、保健一体化的趋势;社区医疗发挥作用;许多疾病如癌症、艾滋病,遗传病,糖尿病等的诊治有了突破性进展;心血管、肿瘤等疾病,较好的预防方法,预防将比诊断和治疗发挥更大的作用。由此可见,未来医学教育的学科、内容都将有大量的更新和变化,要充实和改革教学,以适应情况的变化,这已形成了一个突出的特点。

三、医学生的学习方法

医学教育的特点决定了医学生是大学生中一群比较特殊的学生群体。由于其毕业后服务的对象是人,所以其工作能力的培养就具有特殊的意义。有学者指出,学生在校期间所学的业务知识约占其以后的工作所需知识的10%,而其余的则要靠自学。科技飞速发展,信息产业的兴起,是否有能力不断地获得新知识显得尤为重要。那么医学生在大学期间应该有什么样的学习方法呢?

医学学习方法是学习医学和技能的一种专门知识,包括医学学习中本身特有的方法和若干普通学习方法在医学学习上的应用和发展,是医学学科特点和医学方法论知识的统一,也是医学生智能结构的重要组成部分。

医学的迅猛发展,形成了庞大的知识领域。学习方法众多而繁杂,下面先介绍一下医学学习的一般方法。

首先,应学会读书、听讲、记重点笔记。这是大学生必须掌握的基本学习方法和必备的基本学习能力,要学会手、脑、耳并用,即边听边记边思考,要善于抓住重点。紧跟老师思路,记下整堂课的提纲,课后根据笔记回忆讲授的内容,再对照书本把内容补充完整,这样既达到了复习的目的,又抓住了学习重点。

其次,重视实验、实习、实践,课前必须预习。实验、实习、实践课比重大是医学教育的一个突出特点,这对培养专门人才有着非常重要的意义。医学科学的许多新发现,都是在实验中产生的。如青霉素的发现等。实验、实习、实践有助于了解知识的来源和发展;练习和掌握未来工作所必需的基本技能;培养独立思考,独立工作的能力和科学作风,为今后的工作奠定良好基础,所以实验、实习课及实践必须认真做,不能有丝毫轻视。课前必须预习,预习实验指导及相关的理论知识,边预习,边思考,想象实验中可能出现的现象、结果。做实验

时，认真观察，仔细记录，不放弃每个实验现象，并养成规范的操作习惯，这是科研训练的基本功。

第三，培养独立阅读能力。大学期间，提倡同学们要博览群书，知识面一定要宽，不仅要掌握医学科学知识，而且对相关的边缘学科的知识也要了解，甚至有些现在看来和医学风马牛不相及的知识，也可以开阔思路，产生灵感。当你阅读的书、文献、杂志等多了，更多的了解社会，思维就会敏捷，想象就会丰富，加上已具备了基本的实验技能，就会很自然地想要做些什么，就有一种工作的冲动，这样从实践—理论—实践的程序，不断提高各种能力。

第四，要坚持开放式学习。学习过程是一个开放系统，只有与外界不断进行物质能量信息交流，才能使系统由无序变成有序，并保持有序的发展，因此在学习的过程中要丰富，不断吸收最新的方法和先进的经验，使原有的方法不断调整，使之不断升华、丰富，并从量变到质变。医学学科本身是具有多个层次多个子系统的完整、严密的知识技能系统，医学生在学习的过程就使认识结构不断重组，把外在的医学知识技能转化为稳定有序的内在知识能力，因此，要养成开放式学习的习惯，要坚持同医学科学发展相一致。

第四节 医学生的大学学习规划

进入大学，同学们开始了一段新的人生之路。有些同学在失去了高考压力的同时，似乎也失去了学习的方向。大学生面对的是一个"开放"的环境，学校与社会的接触越来越多，校园里出现了许多中学没有的现象，失去了班主任老师的全方位监督，刚迈入大学校门的学生，可能一时不知如何是好，不知道在学校该做什么，不知道自己应当有所为，有所不为。还有些同学考上大学后，失去进一步奋斗的动力。虽然知道未来的就业竞争十分激烈，但要做到约束自己从大一开始就全身投入学习，却并不容易。尽管每个专业都有培养目标、教学计划、课程教学大纲，有指定的教科书和课程表，但如果不确定一个适合自己的发展目标，学习的动力就会受到影响。因此，进入大学，学生有必要对自己的大学学习进行规划。学习规划包括学习目标、学习计划两方面的内容。

一、确定学习目标

学习目标是指学习活动所要达到的预期结果。学习目标有远大目标和具体目标、长远目标和近期目标之分。一个人确定的学习目标越远大、越崇高，他的行为就越持久。有的同学制订了本科毕业出国深造的目标，有的同学想在国内继续深造，有的同学希望毕业后从事自己的本专业，有的同学则希望从事管理工作，还有的希望从事市场营销。

（一）制订学习目标的原则

学习目标的制订要符合社会发展的需要、符合自身的实际情况，还要考虑到自己的学习兴趣。如何确定新的目标，是大一新生面临的迫在眉睫的一项任务。

1. 学习目标必须符合社会的需要

医学生应根据社会需要确定自己的学习目标。随着全球化和国际化的发展，医学生应当具有全球视野，建立合理的学习目标体系，还应当充分认识医学对个人、群体及社会的作用和意义，树立稳固的专业思想，热爱医学专业，明确医学专业的学习目标，才能自觉主动地学习，才能学有所成，成长为对社会有用的人才。

2. 长远目标与近期目标相结合，总体目标与具体目标相结合

制订学习目标应注意目标设置与实现的层次性，既要制订长远目标，也要有中期和近期目标。将长远目标分解为若干个阶段性目标，如学年目标、学期目标等近期目标。既要制订总体的学习目标，还要将总体目标逐级分解为不同类别的目标。目标的类型可以具体到学科，还可以进一步细化为知识的目标、能力的目标、素质的目标等。

3. 学习目标必须符合个人的实际情况，具有实现的可能

目标有高低之分，制订学习目标还必须符合个人的能力和智力水平。年轻人容易好高骛远，过高地估计自己，目标太高，期望值太大，经过自身的努力无法实现目标，容易产生挫败感和自卑感，导致自暴自弃，这样的目标徒劳无益；目标太低，会导致碌碌无为，浪费青春和聪明才智，也不利于个人的成长。因此医学生要对自己有正确地认识和评价，全面分析自身的长处和不足，制订一个需要经过一定努力能够实现的目标，以充分发掘自己的潜能。

（二）医学生确定学习目标的意义

1. 大学的培养目标需要学习目标的细化

有了学习目标，就为自己确定了努力的方向，就有了学习的动力。大学是职业准备性的教育。大学的学习目标相对比较宽泛。大学教育除了传授知识外，还要求学生掌握各种技能，培养学生多方面的能力和综合素质。不同专业的医学生，由于未来发展的职业领域要求不同，对于其知识、能力和素质的要求是不同的。因此大学培养目标的抽象和概括，需要学生确定自己的学习目标，从而保证学习过程中时间和精力的分配。

2. 大学的多彩生活需要学习目标的指引

大学的活动丰富多彩，各种社团、学生会活动，讲座，还有公益活动、演出、比赛等，大学生很容易迷失自己的方向。确定学习的目标有助于学生对校园活动的选择。例如，为了培养自己的组织管理能力，就可以选择去学生会工作，为了开阔视野，拓宽知识面，提高人文素养，就可以选择多听讲座。

3. 大学的“松散”管理方式需要学习目标的约束

大学的管理与高中相比更为松散，既没有固定的老师，也没有班主任每天陪着学生上自习，甚至去不去课堂听课都没人过问，课本平时基本不用看，期末的时候突击应付一下就可以通过考试。结束了紧张、忙碌的高中生活，刚升入大学的学生会发现生活原来可以这样轻松。随之而来的却是无穷无尽的落寞和空虚。在大学，一切都靠学生的自觉和自制。因此，为自己制订一个学习目标是很有必要的。例如，规定认真上好每一节课，不逃课；规定每天晚上上自习；规定课前预习，课后复习等，这些学习目标有助于养成良好的学习习惯和学习状态。

4. 大学的繁重课业负担需要学习目标的激励

医学生的学习课业负担重，学习压力大，学习过程中遇到挫折在所难免，要保持学生行为的持久和稳定，做到在困难面前不退缩，学习目标可以为学生提供克服困难的勇气和毅力。例如为了将来成为一个出色的基础医学研究者，可以忍受十几次甚至几十次的实验失败,直到实验成功,也可以为了一个实验结果通宵达旦,这种对科学孜孜以求的态度,必然需要远大目标的激励。

因此,同学们可以根据自己的实际情况,制订适合自己的发展目标。不同目标的同学,其大学生活和学习的重心就会有所不同。进入大学首先要明确自己未来的发展目标,给自己定位:是致力于学术上继续发展还是培养自己的能力、扩大自己的人际交往,也有的同学会说,刚来大学确实很迷惘,很难立即确定自己未来的目标,这是大部分同学的实际情况。如何解决这个问题呢?在此给同学们一条建议,在还没有明确自己未来目标的时候,先做好手头的工作。具体方法是:把作为一个大学应当完成的基本任务做一个列表,这些任务最终的目标是什么,如何一步步实现这一目标,这样就可以清楚自己该做的事情有哪些,什么时间要达到什么目标,哪些事情是必须做的,哪些事情是可以选择做的,哪些事情是可以暂缓留待以后再做的,哪些事情是每天必做的,哪些是偶尔为之的。在时间和精力允许的情况下,再拓展自己的发展范围,这不失为一条可供选择的经验。

大学的学习是职业准备性的学习,是学生实现社会化的一个必要阶段,因此除了知识的学习,还应当包括品德、个性、人格、人际关系、能力等综合素质的养成。因此新生进入大学之后,参加社团活动、学生会的工作,甚至听讲座、报告,参加社会公益活动和社会实践等,都是学习的一部分。要充分利用大学这个平台,学会利用各种资源,向老师学习,向社会学习,向他人学习,全面提升综合素质。如果能尽早了解社会对未来医药工作者必备的素质要求,那我们在确定学习目标方面会更有针对性。

但是无论学习目标是什么,作为一个医学生,课程学习是第一要务,在保证学习成绩的前提下,通过参加各种活动,拓展多方面的素质,这是一条重要的原则。

二、制订学习计划

古人语:“凡事预则立,不预则废。”无论做什么事,都要有计划。学习计划是对学习活动的科学筹划。计划可以把主观设想和客观实际科学地统一起来,保证学习活动的顺利开展。

(一) 制订学习计划的原则

1. 学习计划要围绕学习目标

学习计划是实现学习目标的手段,因此学习计划的制订一定要紧紧围绕学习目标。

2. 学习计划要突出重点

学习计划不仅包括知识方面的计划,还包括能力发展,个性和综合素质的发展等。因此,在制订计划时,一定要保证把时间和精力放在重点任务上。在认真分析自己实际情况的前提下,科学合理分配时间,即不能在各项任务上平均用力,也要防止偏斜和放弃某一方面的情况。

3. 学习计划要有适当的弹性

学习计划是对学习活动的筹划,其目的是通过执行学习计划,把目标变成现实。但现实情况不是一成不变的,因此,学习计划的制订还要有一定的弹性和灵活性,要留下变通的空间,要有机动时间,便于发生偶然事件时进行调整。

（二）制订学习计划的方法

学习计划一定要有明确具体的目标要求和实施方法，以便操作和落实。

1. 制订学年学习计划

学生根据自己的学习目标，把大学毕业时要实现的目标，按不同年度进行计划，制订不同学年的学习计划。医学在校教育课程大体包括：通识课程、基础医学课程、临床医学课程、毕业实习等，每一内容都有不同的学习要求，因此学生要按照医学教育的规律，制定好学习规划。

2. 制订周学习计划

把一周的学习安排进行计划。除了完成一周的课程学习外，把本周自己需要完成的任务做一个详细的安排。例如听讲座，参加社团活动，参加学生会的活动等。一旦制订了时间表，就可以恰当地利用时间，也不至于让有限的时间在指缝间无意流走。

找一份课程表，上面有周一到周五的课程安排，再把每天都必做的事情用颜色突出显示出来。例如：每天早晨朗读英语，每天晚上进行听力训练，背诵20个单词。然后把本周必须参加的活动在表上标示出来，如：学生会例会、名家讲座、一场辩论赛、学生干部培训等。然后再看看还有哪些空余时间，在空余时间安排最重要的事情。

3. 制订日学习计划

把每天的学习用清单罗列出来，完成一项做一个记号。例如，上午四节课；下午复习当天的学习内容，完成教材的思考题，预习下一天的学习内容；晚上听一个讲座，然后去图书馆查阅当天学习的内容，拓展课题学习等。

三、案例及评析

案例2-1　　**我的选择**

大学与高中生活最大的区别就在于有了更多的对自己生活的决定权，面对更多的选择，同时也面对着一旦选择错误所带来的风险，以及因为惧怕风险而做出各种选择时所面临的压力。我在刚上大一时遇到的困惑就是，应该把自己的课余时间安排到去自习室学习，还是应该去参加学生会或是社团，通过各种各样的社会活动去锻炼自己的能力？坦率地说，关于这个问题我直到现在也没有完全想明白。当然，如果空谈理论的话这个问题可以很容易回答——两者兼顾，但实际操作上真的很难做到这一点，因为每个人的时间都是有限的。我最终做出的决定是只参加一个社团——心理协会，而把其他的时间尽可能多地安排在自习室里。我之所以这样决定主要还是因为医学专业本身的特点，考前突击以及向往届同学要复习资料确实可以有效地提高考试分数，但恐怕考试之后过不了多久所学的知识就忘得一干二净了。我深知能力的不足将成为我未来发展的瓶颈，但是如果医学专业知识不足，能力再强也不过是空中楼阁。现在回想起来，我对自己的这个决定还是比较满意的。我最大的损失就是缺少了许多锻炼能力的机会，因此，在以后的日子里，我会尽量提高时间的利用率，以抽出部分时间，通过一些闲暇时的非经常性活动来弥补我这个决定所带来的风险。

【案例 2-1 评析】 本案例是一个目标非常明确的大一学生的个人经验。由于及早确立了学习目标，因此在具体的时间分配上，就紧紧围绕这一目标，很顺利地适应了大学的学习，希望该案例对同学们有所启发。

案例 2-2 **梦醒时分**

刚到大学，各种社团和学生会都在招新，中学时从来没有这么新奇的东西，于是我参加了新生辩论赛，院学生会生活部、轮滑社，又到校广播站播音。就辩论赛一项，就把我忙得焦头烂额。那是相当花时间的活，不仅要查资料，还要写稿子，写好了还要背出来，队员之间还要配合，还要预测对方可能的反应及问题，经常熬到凌晨三四点钟才睡觉，早晨又有课，我也不愿意逃课，硬撑着来听课，有时听着听着就睡着了。学院辩论赛赢了之后，就是学校的辩论赛，到后来我就想干脆输了，就不用再花时间了，但又不甘心，因为我是一个做事认真的人，学生会生活部的工作也特别多，一会儿忙“二手书市”，一会儿又是“宿舍风采大赛”，部长又特别器重我，把很多活都安排给了我，我也很想通过活动来锻炼自己的能力，因此很投入。除了上课能坚持来之外，下课从来没有时间复习，更没有时间预习。一转眼，期中考试就到了，根本还不知道学了什么，实在抽不出时间看书和复习，结果，期中考试就挂了两门，对自己的自尊心打击很大。回想起来，从小到大还从来没有出现过不及格现象，这对我来说简直是莫大的打击。期中考试之后，各种新生活动也逐步减少，我也投入了更多的时间学习，期末考试成绩还比较理想，但由于最终的成绩是期中和期末以及平时成绩按百分比计算，因此我最后的学分成绩也不高。现在回想起来那段日子，都觉得像是在做梦。

【案例 2-2 评析】 本案例是一个刚刚过完大学一学期的学生对自己一学期学习生活的回顾。由于被丰富多彩的大学生活所吸引，课程学习几乎从自己的生活中消失，大学生活过得很充实，有时几乎是非常忙碌，但却出现了一生中从未有过的不及格。通过该同学的事例，同学们不难发现，开始大学生活之前，其实是需要做好准备的，要对大学的学习生活有一个正确的了解，对自己如何走过大学生活，有一个全面而恰当地规划，这样可以避免大学之路走得过于曲折。

案例 2-3 **目标决定一切**

社团、学生会活动使得大学生活相对于高中更加丰富。刚入学的时候，学生会、各个社团便会来到新生中间进行招新。一般在这个时候，同学们都觉得挺新鲜的，对很多社团都非常感兴趣，于是同时报名参加很多社团。但是，学习、社团活动及学生会工作就产生了冲突。这三者到底哪个重要？这一直是许多大学生争论的问题。在这里，我也只能说一说自己的看法。在我刚入学的时候，我的班主任曾经给过我这样的建议：先要搞好自己的学习与班级的工作，然后才是社团与学生会。毕竟，将来的发展最主要还是取决于自己的学习成绩，如果学习成绩不好，就注定要很遗憾地与很多机会擦肩而过。当然，不能否认，学生会的工作能够提高我们很多学习以外的能力，这对我们将来走向社会是非常有帮助的，而社团的活动能够丰富我们的课余生活，同时可以结交更多的新朋友，扩大交往的圈子。大学不仅是学习的地方，更是培养自己能力的地方。如果完全为了学习而放弃这些活动也是绝对不可取的。所以,我的观点就是,先要给自己的将来定一个大致的目标,如果你想要继续保研深造学习,那么就一定要以学习为重,学生会与社团只能是在保证了自己的学习成绩的情况下,根据自己的具体情况来决定投入的时间和精力。如果你更注重对自己能力的培养,希望为自己将来走向社会积攒一些经验,那么可以适当地多参加一些活动,但一定也要保证学习的时间,不可以为了学生会、社团的工作而完全放弃自己的学习时间,等到考前再去突击复习,这是万万不可取的。学习、社团与学生会活动的时间分配,完全取决于个人将来的发展定位,因此,定好将来的目标是前提,也是我们安排时间的重要依据之一。

【案例2-3评析】 本案例通过一个同学与我们分享他自己对大学学习的看法。让我们感觉到,要首先确定自己总的发展目标,然后才能确定学习的安排和时间的分配。

案例2-4　　规划大学生活

走完了大一这一年,感慨颇多。当站在大一的终点回望,有过彷徨,有过向往,有过空虚,也有过充实。大学的自由给了我们选择,教会了我们面对人生。结束了高考,我们第一个要面对的问题是,如何开始我们真正的学习。

当不再为了高考这唯一的目标而奋斗,大学校园里的我们,开始学着独立和规划人生,学习自然不再是主旋律。有人为出国拿全奖而奋斗,也有人再结束了一学期的空虚,准备开始下一学期的空虚的轮回中挣扎。我觉得最重要的是,你首先要知道自己想要的是什么,大学期间,你想要获得的是什么?仅仅是知识和毕业证书,还是人生观和多方面的能力,甚至是一张广阔的人际关系网?但无论是什么,大学的时间都不算充裕,那么,由目标来确定对待学习的态度,是争取全优还是只求及格,便因人而异了。

但无论如何,沉迷于网络游戏和整体无所事事都不应该成为我们大学生活的主色调。所谓目标,是切合自己的人生观、为成就人生理想而定制的计划,这是我们每个人在大学时代都应该拥有的。否则,还没来得及享受自由的生活,四年的时间已经一晃而过,如果你最后抓住的只是一把空虚的记忆,那么所谓的自由,只能给你带来束缚。

【案例2-4评析】 本案例是一个刚刚走完大学第一年的学生对大学学习规划的感悟。该同学认识到学习目标的重要性。认为应当由目标来决定学习计划和时间安排,要避免整天无所事事,避免沉溺于网络游戏。

第三章　学习心理学及其在学习过程的作用

在学生的学习过程中，会有感觉、知觉、记忆、思维、想象、情绪、情感、意志、注意等许多心理活动。学习心理学所研究的重要内容之一就是这许多心理活动在学习过程中的活动规律，许多成功的学习方法也来自于对学习心理规律的深入了解和灵活应用。下面就智力因素和非智力因素在学习中的作用及其发展，分别加以叙述。

第一节　智力因素在学习中的作用和发展

大学生一般十七八岁年龄，生理、心理发育已基本成熟，如生理方面，骨骼、肌肉、循环、呼吸等系统已经发育比较完全，特别是性的基本成熟，及与学习有关的神经系统已经基本发育成熟，因而体力明显增加，充满青春活力，大脑的兴奋抑制过程基本趋于平衡，可以从事成人所能从事的复杂思维活动。

心理方面也具有不同与少年的特征，如定向注意力比较强，观察力和理解力比以前显著提高，求知欲强，逻辑思维能力增强，想象力显著发展，富于理想和幻想，记忆力达到人生的高峰，最适于“博闻强记”。另外，情感更加丰富饱满，兴趣广泛而趋于稳定，自我意识不断不能增强等。表3-1是一个不同年龄阶段智力发展水平表。

表3-1　不同年龄阶段智力的平均发展水平(%)

年龄(岁)	10～17	18～29	30～49	50～69	70～89
知觉	100	95	93	76	46
记忆	95	100	92	83	55
比较和判断	72	90	100	87	67
动作和反应速度	88	100	97	92	71

从图表中可以看出，18岁到29岁之间，记忆力、动作、反应速度达到最佳状态，知觉和分析判断能力也达到很高程度。20岁左右的大学生正是智力发展的最佳年龄。因此，每个大学生应该利用自己的青春优势，充分发挥智力，大量吸取知识、博览群书，建立合理的智能结构，把自己锻炼成优秀的人才。

下面谈智力因素在学习过程中的作用和智力的发展。

智力是各种认识能力的总和。智力因素主要包括观察力、注意力、记忆力、思维力和想象力等五个方面，共同构成学习过程中的心理结构。

一、观　察　力

观察是人们为了研究事物的本质和规律，通过感觉器官或借助某些科学仪器，有目的、有计划、有组织的知觉，并且认为它不是简单的知觉过程，而是具有一种探索性的、包括积极的思维活动,故又可把观察称为思维的知觉。

(一) 观察在学习和生活中的意义

观察对人的实践活动起着十分重要的作用。一个人对周围的事物“视而不见”不进行周密的观察就不能从中探索规律,解决实际问题。反之,一个勤于观察和善于观察的人,遇事留心,处处观察,他能随时发现问题,主动获取知识。古今中外许多有成就的人,都是有高度观察力的人。英国生物学家达尔文创立的生物进化论,俄罗斯生理学家巴普洛夫对大脑两半球的机能的研究,都是经过大量科学观察的结果。达尔文说过:“我既没有突出的理解力,也没有过人的机智。只是在觉察那些稍纵即逝的事物并对其进行精细观察的能力上,我可能在众人之上”巴甫洛夫的座右铭是“观察,观察,再观察。”著名的“布朗运动”的发现,更是利用观察法获得丰硕成果的典型事例。1827 年,布朗用显微镜观察植物的花粉团粒悬浮在静止的水面上,在做不规则的运动,经过大量、反复的观察,发现一切有机或是无机的物质微粒悬浮在静止的水面上,都会做无休止的不规则运动。从而揭开了自然界普遍存在的分子运动的奥秘,使人类的认识产生了飞跃。我国历史上杰出的医学家李时珍,著述的不朽巨著《本草纲目》,就是他毕生精力,在称奇的观察、实践的基础上写成的,至今仍被世人称道。

观察对于发展学生智力有极为重要的意义,它是获得感性知识的最重要的手段之一,为认识客观事物发展变化规律提供科学依据。离开了观察,认知的活动就会成为无源之水,无本之木。人在学习过程中及今后的工作中离不开观察的手段来收集信息。科学研究证明,观察之所以成为人们收集信息的重要手段,是与信息的传递渠道有关的。人身共有 400 万条神经纤维向大脑中枢传递信息,有 80%~90% 是通过视觉、听觉渠道传递送来的。由此可见,观察对于我们发展智力,认识世界起着至关重要的作用。

观察在医学的学习过程中及临床工作中,有其特殊的含义。例如临床观察作为医学研究的基本方法,是医学科研的基础,观察的任务就在于系统全面地、客观地考察人体的生命活动和疾病过程,客观地研究对象的某些现象的特征,积累感性经验,收集事实资料,并加以分析判断,以期获得对疾病的本质的认识,从而推动医学科学的发展。所以观察方法是医学科学认识的一个重要源泉,也是检验医学理论的一种标准。

(二) 观察的原理和方法

以临床观察为例,观察应遵循下列原则,才能使观察获得准确可靠的信息,即客观性、全面性和连续性。

客观性原则。观察的客观性,就是要从实际出发,掌握有关客体的真实可靠的情况和事实,要从疾病的发生发展过程中,收集信息,从患者病理和心理各方面了解情况,确立诊断。避免主观、片面、静态的观察,以期抓住反映本质的现象的主要特征。

全面性原则。疾病是人体的病理表现,人体是一个统一的整体,因此,作为人体疾病的表现就有许多属性、许多特点,加之它又是处于有机体的发展变化当中,所以表现出来的形态、特征就会复杂多变。要把握其本质,就要反复仔细、全面的观察,不要随便放弃每一细小的发现。另外,对病人,要进行多方位、多角度的观察。“横看成岭侧成峰,远近高低各不同”就是说从不同的侧面,不同的系统进行全面地观察,反复比较,以期得到正确的判断资料。

连续性原则。疾病是一个发生发展的过程,因此,对疾病进行科学观察,必须坚持连续性原则才能把握疾病发展变化状态及趋势,以指导治疗的原则和方法,同时检验诊断水平和治疗措施。

从观察的性质上看,一般可分为描述性观察,分析性观察和实验性观察。这三种观察各具有不同的特点和作用。

1. 描述性观察

例如对人体构造的观察,可分两步:①整体观察:对人整体或某一大局部的整体观察。了解其界限、内容等。②局部观察:对某局部的结构逐一进行观察,如器官的形态、位置、比邻,血管神经的行程、分布等。描述性观察是感性的,观察方法上要有一定的顺序,弄清整体和局部、宏观与微观。良好的描述性观察要有良好的记忆力,特别是表象记忆力。

2. 分析性观察

是借助思维,观察反映事物特点的、本质的、规律的东西的外部表现。如病理标本的观察属此类。

3. 实验观察

在医学学习中常采用此法,如理化试验,生理药理动物实验等属此类。如化学课《水的电解》实验,就是用来证明水是由氢和氧两种元素组成的。实验观察指向不仅仅是反映本质、规律的那种外部表现,并要求观察所收集的资料足够引起证明理论、定律成立的程度。这是一种更高的观察能力。

观察方法有下列几点:第一,要有明确地观察目的,不能漫无边际;第二,要有必备的知识准备,否则,不易发现问题;第三,要有周密的观察计划,但要避免先入之见的干扰;第四,观察过程中,要多思考;第五,要突出观察对象,要动员各种感官参与,不仅要看,也要听、嗅、触摸,以获得对象的完整印象。

(三) 观察力的训练

医学生在学习过程中所接受的观察力训练是经常地、大量的,从显微镜下观察细胞的形态结构,到临床观察复杂的病情变化,都是对观察力的训练。那么,如何提高观察力?

第一,必须循序渐进。如应该先在镜下观察正常的组织切片,在此基础上才能观察和理解病理切片。

第二,要学会有步骤、有系统的观察方法,若不全面地观察或只凭一鳞半爪的观察材料就不能达到正确认识的目的。

第三,要提高观察的敏锐性。观察的敏锐性是在于能观察到事物之间特征上的差异,而差异的感觉来自于印象的对比。要用对比的方法观察事物的特征。特征对比的差异越小,观察所需敏锐性就越高。

现摘录“观察与成才十一条”以供参考。

1. 迷

指的是对观察现象的聚集反应。观察贵在专一,紧紧盯着目标。莫泊桑入迷地观察着吸烟斗的守门人的姿态、外貌和精神活动,被传为佳话。观察最忌浮光掠影,见异思迁。

2. 苦

在观察中应具备艰苦的精神,观察有收获必须要殚精竭虑。明代杰出的地理学家徐霞客,在长期野外观察中,不仅经历了尝风餐露宿之苦,而且还渡过了被盗、绝粮、重病等困境,坠潭等种种厄运。但这些都没有动摇他的志向。

3. 全

既注目事物的正面,也窥视它的反面;既精细地观察它的部分和细节,又注意它的全貌和总体;既不忽视他的外表,又留心他所在系统中的上下左右联系和衔接,既看到他的目前状态,又预测他今后的趋势。

4. 微

是指观察者善于察微知著。一事物区别于它事物,除有其内部的根据外,还有各不相同的外在条件和因素。要从平凡中看到特异,望一叶而知天下秋。

5. 时

指的是观察要度时。世上一切事物都依一定的时间、地点为转移。都是它的发生、发展和转化的过程。要观察有得,就一定要考虑事物的时间因素。

6. 比

对比观察。在观察领域中,如同赫格尔所说:"我们所要求的是,要能看出异中之同或同中之异。"

7. 思

一方面借助观察源源不断地向思维提供粮食和营养,另一方面思维又对观察材料加工整理,使之条理化并形成一定的理性认识。观察与思考相结合,往往迸发出五彩斑斓的创造火花。

8. 巧

指的是扩大观察领域借助的物质手段,为了增强观察效果而施用的精巧装置,如医学上用的电子显微镜等。

9. 写

就是写观察笔记。如果将大量的有价值的观察笔记进行整理、概括、抽象,就可以开拓崭新的创造园地。

10. 恒

要有恒心。一个复杂的事物涉及广阔的领域,具有很长的发展变化周期。如果三天打鱼两天晒网,事情发展变化中的很多环节、重要方面就会逃脱观察者的视线。

二、注　意　力

注意是心理活动对一定事物的志向和集中。如上课时用心听讲,仔细观察模型、挂图,聚精会神地思考学习的内容,就是学习的心理活动指向和集中于教师的讲课和演示上。注意,对于一个人来说,关系极大。尤其是一个医生如果不注意而粗心大意,就会出现问题。如给病人做手术,就得把整个思想放到手术上去。聚精会神,专心致志,注意到手术的一切方面,做到万无一失,才能手术成功。

注意可分为无意注意和有意注意两种。前者,又叫做不随意注意,是没有准备的,自然发生的,即不需要任何努力的一种在意。引起无意注意的刺激物,常常是具备某种特点的,或者是事物本身使人感兴趣的,容易引起人们的无意注意。后者,也叫随意注意,是一种有目的、有准备,必要时还需要一定努力的一种注意。比如学生听到晚上有很好的电视节目,很想看,但又想到必须坚持学习和做作业,于是经过一定努力,把注意集中到学习上来,这种注意就叫做有意注意。

有意注意的发展与大脑的生长发育有密切的关联。一般来说,大学生如果学习目的明确,对学习内容的兴趣浓厚,有意注意就能得到高度的发展。在不受外界干扰时,他们往往可以连续几个小时高度集中注意,进行紧张的学习,并可取得良好的效果。但是在学习过程中,某些专业理论可能是枯燥无味的,这需要自己克制自己,培养能迫使自己注意力集中的能力。要使注意服从自己意识支配,而不是受注意支配;养成能在不安静环境下学习和工作的习惯。

三、记　忆　力

学习与记忆是脑的重要功能之一。学习是通过神经系统不断接受环境的变化而获得新行为(或新经验)的过程。记忆是指将获得的新行为或经验储存一定时期的能力。记忆在学生学习活动中起着重要的作用,无论是积累个人的直接经验或接受间接知识,都需要记忆。没有记忆,就不可能有学习活动,学生在学习过程中,若没有对旧知识的记忆,就不能理解新知识;没有对于系统知识的记忆,就谈不上用以指导实践性的活动。记忆是人们进行智力型活动的基础,有了它,智力结构中的其他因素才能发挥作用,从而加快人的成长进程。

记忆是人脑的功能之一,对信息储存的潜力十分巨大。据统计,人脑由140亿个神经细胞组成,它可以容纳的信息量相当于50个美国国会图书馆的藏书量(该馆藏书量为1500万册),而现在人们对这种潜力的利用极为有限。一个勤奋的人,一生也只用了记忆潜能的百分之二三左右。一个叫卡尔罗德语言教授,堪称是世界语言冠军,他已通晓一百二十种语言,且以每年再通晓三四门语言的速度在增长。在纽约的一次国际语言学大会上,他曾用五十种语言致欢迎词。另一个叫克莱因的数学教授,脑子里装着种种数学用表。他不但记得一千乘以一千以内数学的平方根,而且能把一百五十以下数字的对数值记到小数点后第十四位;他还知道历史上任何一天是星期几。卡尔罗和克莱因的记忆力实在惊人!但他们的大脑也有百分九十的潜力。大脑如此巨大的潜力,为我们培养记忆力提供了有利的物质基础。

(一) 创造良好条件,培养记忆能力

1. 要有明确的记忆目标

记忆的目的越明确、越具体,记忆的效果越好。心理学研究证明,学习时记忆目标明确,就会使大脑处于高度活跃状态,容易接受外界信息,记忆清晰,储存持久。

2. 要在理解的基础上记忆

在学习中,主动地多用脑子去想,多琢磨,多理解,记忆效果就好。

3. 要及时复习、经常复习

德国心理学家艾宾斯提出的“遗忘曲线”指出,记忆和遗忘的关系为先快后慢。据此,复习就是和遗忘在作斗争的最好方法。

4. 合理用脑

愉快的情绪，劳逸结合的作息，新鲜的空气，安静的环境，掌握最佳记忆时间等都是增强记忆的重要条件。

5. 排除记忆过程中的不良干扰

包括来自外界的和个人心理因素的干扰。

6. 坚持做“记忆力体操”

所谓做“记忆力体操”，就是每天利用一点时间选背一些名篇佳作。革命导师马克思和大作家托尔斯泰就曾坚持做“记忆力体操”来提高自己的记忆力。俄国大作家托尔泰每天坚持做“记忆力体操”培养了惊人的记忆力。他每天早晨起床后，严格要求自己强记一些外语单词或其他需要强记的知识，久而久之，记忆力就大大增强了。马克思具有超人的记忆力，他会十几种语言，其中七种十分精通，他就是经常做“记忆力体操”锻炼出来的。

（二）运用科学的记忆方法

记忆方法有许多种，掌握好的记忆方法，可以起到事半功倍的效果，这是介绍一些常用的记忆方法，供大家参考选用。

1. 直观形象记忆法

在学习过程中，利用直观形象帮助记忆，在生动具体、印象深刻，例如通过看图表、图画、实物、幻灯、电视、电影等识记材料，可提高记忆效果。这是因为直观形象对人的视觉、听觉等器官产生强烈刺激，引起人的形象思维活动的缘故。

2. 联系实际记忆法

学习和记忆理论知识时，应该与实际联系起来记忆，如学习各形态学科、结合实验标本的仔细观察进行记忆，有了感性知识，印象特别深刻。

3. 联想记忆法

利用识记对象与客观现实的联系，利用已知与未知的联系，利用学习材料内部各部分之间的联系来记忆就比较容易。这是因为，可以利用联想抓住事物各方面联系去引申、衍生，形成网络，借此扩大和巩固所学知识。即使对数字、年代、人名、地名等，也最好设法赋予某种意义，造成人为的意义联系来帮助记忆。

4. 先入为主记忆法

如儿童时期记住的事物几乎可以终身不忘。这是因为在任何没有干扰的情况下，形成的暂时神经联系的痕迹比较深刻的缘故。根据这一点，在学习时，应争取第一次学习中就把知识搞清楚，弄明白，不煮夹生饭。

5. 多种器官并用记忆法

同时动用多个器官，集中识记一个目标，往往在脑子里留下比较牢固的痕迹，实践证明边看书边抄写比单一记忆记得牢，朗读比默读记忆效果好。

6. 提纲归类记忆法

把内容复杂而又冗长的材料，归纳分类，列成提纲，使其条理清晰，便于记忆。

7. 列表图解记忆法

通过列表或图解，从而使复杂的内容简单化，系统化，一目了然，便于查询和记忆。

8. 小结归纳记忆法

零散的珠子一把抓不了几颗,如果用一根线穿起来,提起线头就可以把一大串珠子带起来。记忆也是如此,零散的、片段的知识记起来很困难。但是如果把知识条理化、系统化后,记忆就容易些。在学完一个单元、一门学科以后,总结一下,进行知识分来,使之条理化、系统化。在此基础上进行记忆,不但能深化和扩展所学知识,而且会使你记忆的东西清晰而又牢固。

9. 提纲挈领记忆法

有些学习材料、篇幅很大,内容复杂,难于记忆,可将材料全部浏览几遍,然后将其主要内容提纲挈领记忆下来,继而细读,逐步加深记忆。

10. 集中和分散记忆法

主要是对学习时间的分配。集中记忆法是集中一段时间熟记学习内容,适用于难度大,份量少的材料;分散记忆法是将学习内容分散成若干部分,分次熟记。适用于难度大,份量重的内容。

11. 重点记忆法

学习的内容,并不要求全部记住,讲究"少而精",抓住难点、重点,不平均使用力量,这样就是把书越读越"薄",越读越精,可以突破一点,带动全盘。

12. 规律记忆法

世间任何事物,从微观到宏观的世界,都是有规律可循的。此法就是找出事物间的联系和规律,从而有助于记忆。

13. 分类记忆法

把记忆对象按性质、特征、内容联系,归纳分类,使知识系统化,条理化,便于记忆。如药理学中的药物很多,但我们按药物的作用分类,在同类药中找出其共同点和不同点,就可以执简御繁,容易记忆。

14. 特征记忆法

事物的特征往往给人留下深刻的印象,易于记忆。如人体中卵细胞最大,大而圆。精子为蝌蚪形;浆细胞核染色呈车轮状等。

15. 间隔交替记忆法

大脑皮层过多地接受单一刺激,容易引起抑制。在学习安排上,不同学科可交替进行,并注意中间休息。所记内容不宜过分集中,尽量避免先、后记忆的内容之间相互干扰。

16. 口诀记忆法

把识记的材料编成口诀、顺口溜等,因为韵律节奏感强,读起来朗朗上口,可以收到较好记忆效果。

17. 争论记忆法

因为争论总是全神贯注,高度兴奋的,建立的记忆联系必然是强烈而集中的。学习时应善于提出问题,引起相互争论或对自己多提出几个"为什么",以引起思考,强化记忆。

18. 改错记忆法

每人都有这样的经验,在考试后,对于做错的试题比轻而易举的作对的题印象更深刻。这就是"吃一堑,长一智"的道理。因此学习时不要害怕出错,关键是对错题多思考,找出原因,对症下药。

19. 强记硬背记忆法

医学书籍中有不少概念、结论、数字等,均需靠经常地反复地记忆背诵,似乎没有什么捷径可走。当然,背诵尽量同其他记忆法结合起来进行。

20. 应用记忆法

应用是巩固记忆的有效手段。所以学习过程中自己设想一些练习、案例,对所学知识加以应用,不但可以加深理解,而且可以得到巩固和强化。

(三) 评定记忆品质的三个记忆标准。

1. 记忆的敏捷性

指的是记忆的速度,即在一时间内记住东西的多少。记得多的,就是记忆力好,这是比较而言。

2. 记忆的持久性

有人记得快,忘得也快,不能算是记忆力好。记忆的持久性,是衡量记忆力好坏的重要条件。所谓持久性,就是指记住的东西保持时间长,并在需要的时候,很快的记忆起来。

3. 记忆的准确性

记忆正确是一个重要品质。否则,即使记得再快、再牢,也没有什么价值而言。

第二节　思维、思维力及其在学习中的意义

思维是地球上最美丽的花朵。它是一种积极地、有目的的认识活动,它能超出过去的经验范围而具有新颖性、创造性特点。对于大学生而言,应当了解有关思维科学的知识,掌握思维方法、规律,并将其运用到自己的思维活动中,提高思维能力,从而使自己变得更聪明。思维是理性认识的过程,是人脑对客观事物间接和概括的反应。孔子说过,学而不思则罔,思而不学则殆。就是强调阅读与思考两者不可偏废。

如今,知识密集产业渴求的不是知识,而是能力,是人的思维能力、创新能力。知识与能力相比较起来,毕竟是第二位的东西。鉴于此,日本通产省产业结构审议会信息产业部对西方所谓的信息化社会所下的定义便是“造成人类智能创造力普遍开花的社会”。日本对能力,尤其是对创造能力是格外重视的,举国上下对创造能力的开发倾注了极大的热情,并提出各种各样的措施来加以保证。在我国,科学界已开始认识到知识密集型产业对国民经济的重大意义。急剧变化、变革构成了社会发展的根本特征,彻底改变了人类对知识盲目崇尚,要求人们提高适应能力,即思维的敏捷性、灵活性、独创性等。

目前在针对大学生的思维调查中,发现大学在思维能力上普遍存在以下一些问题:

(1) 一叶障目,不见泰山。大学生比较敏捷的思维品质使得他们常常能发现一些新问题、新现象、新观念。但是,有许多大学生并不善于把这些新问题、新现象和新观念放在一个广阔的、全面的现实背景或理论背景上来认识和分析。与此相应,他们也缺乏历史地纵向思考能力,这样就会把问题思考得过于简单化。

(2) 猎奇求新。心理学家认为,人有各种各样的需要,这些需要分数不同的层次,象生

理的需要是最低层次，而自我成就的需要是最高层次的。成就需要，在很大程度上鼓舞着科学家们废寝忘食、卧薪尝胆地从事高尚的工作。在大学生身上，由于素质上的优越，自我成就的需要异常强烈，而这种需要的满足又异常艰难。据美国心理学家马斯洛的估计，一般人自我成就的需要的满足度仅有10%左右。因此大学生往往喜欢猎奇，并且会把一些错误的东西当作至宝进行渲染，以求自我成就的某种实现，造成不好的影响。

（3）盲目自信。大学生思维独立性的发展是令人欣喜的，但有时候，教育引导失误，独立性会恶性发展为一种目空一切、盲目自信的不良品质，把一切想象得过分简单，同时把自身的力量和能力看得过分地强大。著名作家徐迟曾写过一篇报告文学《哥德巴赫猜想》，文章中披露了数学家陈景润经过艰难困苦的奋斗，成功地证明了"1+2"的消息。不久，中国科学院数学研究所收到了数以万计的信件，写信人都说自己已迈过了摘采这个数学桂冠的一步之遥："1+1"的命题被证明了。这些来信大多数是青年人写的，其中大学生占了很大一部分。

（4）动辄怀疑，轻易否定。大学生一方面为社会所尊重，称之为天之骄子，就难免年少气盛；另一方面，大学生由于成年，社会接触面广了，从原来狭小的天地里乍一到社会这个万花筒中，觉得很不适应，并且会同已有的某种观念发生一定程度的冲突。于是，这也看不惯，那也看不惯，动辄怀疑、否定。心理学上对此有一个专门的术语，叫逆反心理。日本心理学家依田新在其主编的《青年心理学》中列出了一个关于日本青年对社会不满的情况调查表。表中，对社会不满的，初中生有59.9%，高中生有71.1%，大学生最甚，有77.6%，这个研究尽管对象是日本青年，但对我们还是有参考价值的。

那么如何培养自己良好的思维品质呢？医学实践告诉我们，单有医学知识和技术不一定成为一个高明的医师。这是因为思维的深度、广度和思维方法的正确与否与医疗质量直接相关。思维能力是医生素质的重要方面，特别在临床思维能力方面更为突出。

第一，思维要广阔。所谓思维的广度就是善于全面地看问题，不仅善于抓住某个问题最一般的基本框架，而且不会遗漏有关的重要细节和主要因素。也有人称之为立体思维。关于思维广度这个品质，可举英国杰出医学家、生理学家哈维。他发现人体血液循环便是颇有说服力的一例。在哈维发现血液循环以前，医学家占绝对统治地位的血液学说是公元二世纪古罗马医生格林创造的。格林认为血液产生于肝脏，从右心房经过中间隔膜上的一个小孔流入左心房，血液排出后供养全身各个器官，并在体内被各个器官吸收干净。使哈维初生疑虑的是：如果血液是由肝脏制造出来并又的确完全在体内被消耗干净，那么肝脏一天要制造多少血？他按肝脏在一小时内至少得制出三倍于体重的血量来计算，一天就得造出七十二倍于体重的血。这显然是不可能的。那么这些血液为什么能源源不断地流动？它们从哪里来又流到哪里去？关于这个问题的解决，哈维注意到大自然的种种现象：地球自身每天不断地自转，同时又绕着太阳转（当时哥白尼的理论已经问世）；大地水分在阳光下变成水蒸气升到空中，复又变成雨水降落下来，周而复始。他正是抓住了这个解决问题的重要细节和主要因素，在如此广阔的范围里把自然界的循环和血液的循环相联系，进行综合考虑，提出血液在体内也是循环往复的大胆设想，最后用解剖和实验作了证明。由此可见医学生要见多识广，博学多才，思路宽阔，善于全面考虑问题。要善于抓住问题的各个方面。思路广阔的人，站得高看得远，即可防止片面性和狭小性，而不要根据一知半解的知识去思考最复杂的问题。

第二,思维要有深度。思维的深度是指能够深入到客观事物的内部,把握住事物的本质及核心部分,抓住事物的关键所在,揭露事物的根本原因,并且善于预见事物发展进程和结果这样一种品质。它的对立面是粗枝大叶,浅尝辄止。要善于深入地思考问题,善于揭示事物的本质属性及事物间规律联系。俄国伟大的生理学家巴甫洛夫抓住动物和人见了食物流口水现象,创立了条件发射学说,这就是他对问题深追究,对事物不断进行分析思维研究的结果。

第三,思维要有独创度。独创度,又可叫独创性,它表现为一个人所能独立思考、独立地发现问题、分析问题、解决问题的程度。凡是独创度高的人,不迷信、不盲从,并且往往不满足现成的方法和答案,并且表现出果断、坚定、自信等特征。需要特别指出的是,思维的独创度是以思维的批判性为前提的,如果没有优秀的批判思维,就不会有思维很高的独创度,即使有,那也必定是异想天开、想入非非之举。20 世纪最卓越的物理学家之一卢瑟福就是一个思维独创度很高的优秀科学家,他是另一名著名物理学家汤姆逊的学生,并且在汤姆逊的推荐下担任过加拿大克吉耳大学、英国曼切斯特大学的物理学教授。1918 年汤姆逊因年迈而退休后,卢瑟福接任了汤姆逊留下的剑桥大学卡文迪西实验室主任一职。然而,正是他,大胆地对他的导师汤姆逊提出的原子理论给予怀疑,并且用实验证实了这种怀疑的科学性。提出了独创性的原子模型理论,该理论在物理学史上具有划时代的伟大意义。医学生要培养自身思维独创度,必须要善于对自己或他人的思维活动及结果,进行严格的检查和评定。在学习研究中要善于提出和解决问题。遇事多问为什么?善于思索、研究,并独立地提出自己的见解。善于从实际出发,客观地考虑正反两个方面的意见,坚持真理,修正错误。

第四,思维要敏捷。这一思维品质表现为能够迅速地对外界刺激物作出反应,迅速地意识到存在的问题以及解决问题的正确途径和方法。从理论上讲,思维敏捷性品质的训练潜力是很大的。经科学仪器测定,人体的神经脉冲速度大约为每小时二百五十公里,亦即每秒钟六十四米,我们业已知道,思维的神经生理机制是一种神经脉冲,它沿着神经纤维运行。但在日常生活中,我们时常发现自己有时候半天还反应不过来。控制论的创造人维纳在这方面是令人钦佩不已的,他的思维敏捷性达到了无以复加的地步。据说,维纳的实验室做实验几乎老是打翻东西,别人问其故,他回答说:我的思维太快了,以至于手跟不上思维,结果便造成这种手忙脚乱的难堪局面。也正是因为思维的敏捷性,一批多产作家为世界的文化宝库贡献了硕大的财富。例如,左拉的 21 卷本巨著《严贡——马加尔家族》只花了 21 年就告成,几乎是一年写一卷;巴尔扎克一生创作了 162 部小说,其中的《人间喜剧》写了 96 本,在 19 年内完成。由此可见对于我们医学生来说,在思考和解决问题时不仅要准确而且还要做到迅速。如在对危重病人的抢救中,要正确而迅速地制订一个抢救方案,而不要瞻前顾后,举棋不定,以致延误了治疗,造成恶果。

第五,思维要有逻辑性。这种品质表现为一个人的思维过程服从于严格的逻辑规则,考察事物时遵循着逻辑的顺序,有条不紊地进行,整个思维活动既要前后呼应、单线贯穿,又得富有层次、清晰透彻。在 17 世纪以前,人们普遍相信亚里士多德的说法,即:当两个物体同时下落时,总是重的物体先着地。这种想当然的貌似有理的说法直到 17 世纪才被意大利物理学家伽利略推翻,这首先得归功于伽利略本人有着严谨的逻辑思维。而作为医学生来说,我们在思考问题时要有条不紊,目的明确,毫不含糊,始终围绕一个中心,论证时,言之有据,持之有理,令人信服,在临床工作时,首先得到大量现象,如症状、体征、实验室或其他方面数据,通过现象,找出本质。在这个思维过程中,要有严格的逻辑性,每一步推理都要有科学依据。

第六,思维要有流畅性,这是指思维所能"发射"出来的数量,它提供思维品质量上的特征。如果一个人能报出二十种"砖头用途",而另外一个人则仅能报出八种,我们就说前者的思维流畅度高,后者的思维流畅度低。爱迪生是美国科学家,享有"发明大王"的美名,他的思维流畅度是高得惊人的。在爱迪生发明电灯泡的过程中,首先碰到的拦路虎是灯丝材料问题。在他之前,美国另一位科学家戴维就已发现:在一根细白金丝上通过电流,就会发出微弱的亮光。但用白金做灯丝太昂贵。爱迪生就拼命寻找代替白金做灯丝的材料。想到一种,马上试验,失败了,再想一种……他前前后后共进行了上千次试验,分别试用过一千六百多种矿物和金属,近六千种植物。思维可谓流畅至极了。最后他找到了竹丝来代替,办法是将竹丝烧成炭丝作为灯丝,使电灯亮了一千二百个小时。以后又历经改进,成了今天我们所见到的电灯泡。

第七,思维的灵活性。思维的灵活性又称思维的变通度,指人们善于组织多方面的知识、事实,根据事物发展变化的具体情况,随机应变,及时提出各种不同的思想、假设、办法和方案。具有这种思维品质的人善于迅速摆脱早先建立起来的那些不完全合适的联系,擅长建立各种新的联系,将自已熟悉的概念、映像、法则、规律纳入事物之间新形成的关系之中,并用新的、与众不同的观点来考察一个对象,人们平时所说的机智灵活大体上就是指思维的灵活性这一品质。在日本技术发明史上,最受日本人赞誉的发明家叫田熊常吉。此人是一位木材商,文化程度很低,但却正是他革新了在世界上享有盛名的英国锅炉,发明了一种新式的田熊式锅炉,为企业带来了巨大的利润,他的创造设想,最初是从他在小学自然课中血液循环知识变通而来的。他先画一个锅炉结构模型,再画一个人体血液循环模型,将两者重叠,假设为新的锅炉,很快,他又发现,心脏相当于汽包,瓣膜相当于集水器,毛细血管相当于水包,动脉相当于降水管,静脉相当于水管群。这样,他就将自已熟悉的知识纳入了新的关于血液循环和锅炉之间的新关系中。这一发明使锅炉的热效率提高了10%。

思维的灵活性,也体现在能够很快地纠正自己的思想,改变自己的看法,调整自己的认识,如果一个人,抱残守缺,迟迟不肯改变错误认识,并且千方百计为已被证明是行不通的看法辩解,那么,这个人的思维就谈不上灵活。科学史上很多重大发现都是由于科学家抛弃旧的一套、独辟蹊径获得的。以生物学为例,在21世纪作出重大贡献的科学家有不少人都是从专业以外转过来的。例如,德尔布鲁克是生物学家,但他却因研究诱发突变遗传而著称于世。值得一提的是圣乔其,这位诺贝尔奖金获得者曾多次更改专业。他最初从事组织学研究,这项工作一直干了二十年,后来他发现,要懂得肌肉,必须研究波动力学,结果又一次转向,终于在六十四岁时对量子生物学做出重要贡献。可以这么说,没有这种高度灵活的思维,圣乔其是不可能成为一名著名科学家的。

一、思维和思维力的意义

什么叫思维?思维是指人脑对客观现实的直接的、概括的反映过程。通过思维,人们可以认识感觉器官所不能直接反映的事物的本质和内部联系。

思维力,思维是指人脑对客观事物的本质和规律的直接的概括反映能力。思维品质是思维力的重要标志,培养优良的思维品质是发展思维能力的关键。

思维的品质包括:思维的预见性、逻辑性、广阔性、灵活性、敏锐性、独立性和深刻性。

思维的预见性,是指人能根据自己已有的知识和经验,以及事物发展的趋势来推测事物的发展进程和未来。思维的逻辑性,表现为思维的条理性和连贯性,思考问题时,有条不紊的明确、毫不含糊,始终围绕一个中心;论证时,言之有理,持之成理,令人信服。思维的广阔性,表现为见多识广,博学多才,思路宽阔,善于全面地考虑问题,抓住问题各个方面进行辩证思维。思维的灵活性,是指思维的敏捷,对情况变化觉察得快,应变能力强,能根据客观情况"审时度势"及时采取恰当处置,而不是从主观出发的技巧。思维的敏锐性,表现为能迅速而正确地解决问题,如在处置危重病人中,有的医生瞻前顾后,举棋不定;另一位医生却能迅速地施以正确的治疗方案。思维的独立性表现为能独立地提出问题、思考问题和解决问题。对别人的意见能独立思考,客观对待,坚持真理,修正错误。思维的深刻性,是指思维的深度,表现为能从简单的一般的现象中去粗取精,从而发现事物的本质。

思维力是智力的核心,他在学习过程中起着贯穿始终的作用。学生在学习过程中,必须借助于思维力的帮助才能对感性材料进行分析、综合,从而揭示客观事物的本质和规律,能动地知道改造客观世界的活动。思维力是智力活动的核心,与在智力结构中的其他因素,如观察力、记忆力等相互联系、互相作用,才能促进智力活动的深入进行,提高人的智力水平,推动智力发展。

二、思维的基本方法

思维包括抽象思维和形象思维。形象思维又叫想象,将在下一节讲述。抽象思维又叫逻辑思维,就是要求思维过程一定要符合逻辑,而逻辑思维能力是一个科学工作者的科学素养的重要标志。

思维是一种非常复杂的活动,但是它可以分解成一些基本的思维形式和思维方法。如比较分类、归纳演绎、分析、综合等就是自然学科中常有的一些思维方法,他们是构成一切复杂思维活动的基本要素。

1. 比较和分类

比较和分类是认识事物的两种基本逻辑方法。

比较,就是比较事物之间的差异性和同一性,有比较才能鉴别。比较的方法在学习中有极为广泛的用途。如运用比较方法可以对客观事物进行定性鉴别和定量分析。光谱分析的方法就是通过光谱的比较,来测定被测物质的化学成分及其含量的。各种化学元素都有其一定的波长的特征线谱,就像每个人都有自己的特殊的指纹一样。

分类,是根据对象的共同点和差异点,将对象区分为不同种类的逻辑方法,分类可以使大量复杂的材料条理化、系统化,便于学习和掌握,如复杂的人体构造,繁多的疾病,大量的药物,就是通过各种不同的分类方法,才被人们所掌握的。

2. 类比

类比,是根据两个对象之间在某些方面的相似或相同推出他们在其他方面也可能相似或相同的地方的一种逻辑方法。如 A 对象具有 a、b、c、d 属性,B 对象具有 a′、b′、c′、属性,所以 B 对象可能也具有 d′属性。18 世纪中叶,维也纳有位名叫奥恩布鲁格的一生中一次对一病人因诊断不明而难以用药,病人死后经尸检发现胸腔内积满脓液,证实为脓胸。当时不懂得叩诊方法。在思考中,他想起父亲常用手指叩击酒桶来估量木桶中酒的多少的情景,于是悟出了一个道理:是否可用手指叩击胸部,根据胸部声响来判断胸膛疾病呢?经过反复探索,终于写出了论文,发明了"叩诊"的诊断方法,这就是类比法的实际应用。所谓"触类旁通"就是这个意思。

3. 归纳和演绎

归纳和演绎是互相联系,互相补充的两种思维形式。

归纳法——从个别到一般。他是从个别事实中概括出一般原理的一种思维方法。任何一门科学在发展进程中都有一个积累经验材料的过程,从大量观察、实验得来的材料,从中找出规律,上升为理论。达尔文曾说过:"科学就是整理事实,以便得出普遍的规律和结论。"归纳法正是从整理事实中找出普遍规律的认识方法。

演绎法——从一般到个别,人们以归纳得到的一般结论为依据,继续研究那些尚未研究过的具体事物,以演绎推理作出科学的预见。在医学科学中,用定义来推类有关事物,就是演绎法,如人体的关节,必须具有两块骨的关节面,关节囊和关节腔。据此,凡是具备这样三个条件的,就叫关节。

在各门学科中,一般属于基本概念,基本理论的部分,都是属于归纳性的知识,掌握了这些基本内容,可以演绎推理出各种具体的知识。所以归纳、演绎法,在学习中有重要的意义。

4. 分析和综合

分析和综合是抽象思维的基本方法。

分析,是把整体分解成部分,把复杂的事物分解为简单的要素分别加以研究的一种思维方法。在客观事物中,如人体,组成整体的各个部分本来是相互连接的,为了认识它,就必须分为若干部分进行考察、研究。如把整体分为系统、器官,研究他们的形态、结构、功能和病理变化,从而为在总体上把握事物积累材料。

综合,就是在分析的基础上,进行科学的概括,把对事物各个部分,各个侧面的认识,统一对事物整体的认识,从而达到从整体上把握事物矛盾的特性,把握事物的内部规律性。如,为了了解细胞,要分析细胞的各种细胞器,考察它的基本成分——蛋白质、核酸等生物大分子的结构和功能。同时,又在这个基础上,综合地考察出这些生物大分子所制约的几千种单一化学反应环节,如何连接成有序的化学反应历程,考察这些反应历程如何借助反馈作用,从而得到精确的自我调节,从而在整体上表现代谢、生长、繁殖、遗传、变异、应激性等生命现象。

上述的各种思维方法,都是相互联系,相互渗透,或互为因果的。在应用时,也不能单用某一种思维方法,否则,将不能正确地认识事物,甚至有时也会起到相反的作用。

三、培养和锻炼思维能力

随着医学和科学技术不断发展,医学科学方法日益显得重要。一个高明的医生,仅有医学知识和技术是不够的,还必须有很强的思维能力和正确的思维方法,因此,医学生必须十分重视思维能力的培养和锻炼。

一个人的思维类型各有不同,有再现型、发现型和创造型之分。再现型人才善于积累知识,并能有效地将知识再现出来。发现型人才在前人经验基础上使自己的实践有所前进,有所提高,有所发现。而创造型人才则是能在技术上有重大发明和科学理论上有重大突破。由于自身素质,生活经历,心理特征等的不同,大学生在思维类型上存在着种种差别,各有所长,各有所短,各有所偏。有的人充满浪漫激情,偏于形象思维;有的人思考审慎缜密,长于逻辑思维;有的人动作敏捷,善于操作;有的人理论思维深刻,长与研究。因此,每个人应该了解各种思维特点,根据自己的情况,努力培养良好的思维品质。

1. 学会收集信息、积累知识的本领

思维过程就是对各种信息的加工过程,信息越多,只是越丰富,思维就越灵活,判断就越准确。所以,收集信息是思维的前提,要培养强烈的事业心和责任感,知识发展思维能力的动力,古今中外,凡在事业上作出重要成就的人,都具有强烈的事业心和责任感。

2. 克服思维定势的消极影响

人们往往习惯于按一种固定的思路去想问题,这种思维的倾向性叫做思维定势。他有积极的一面,能使人们迅速而有效地对某一类事物做出定向反映,他的消极影响表现为,思维的惰性、呆板性、出现思想僵化,思路闭塞。不利于思维的灵活性和创造性的发挥,下面摘引一个实验,可以说明思维的消极影响,对实验甲组,告诉受试者,现在只有容量分别为 15、39、3 毫升和 23、49、3 毫升的量杯,要求以最快的速度,用最佳的方法,分别量出 18 和 20 毫升的水,多数受试者都能谋求捷径,用 15 加 3 和 23 减 3 的办法解决问题,而对实验乙组,把这两个问题放在如下序列中(表 3-2)作答,结果则不是这样。

表 3-2　量杯思维训练

序列	三个杯的容量			要求量得的容量
	A	B	C	
1	21	127	3	100
2	14	163	25	99
3	18	43	10	5
4	23	49	3	20
5	15	39	3	18
6	20	59	4	31

对序列中四、五题,亦即对上述甲组的试题,尽管主试者指示被试者既要以最快的速度又要选用最佳方案,但百分之九十以上都不能采用实验甲组的简捷方法,二是承袭前三题的方法;用 B 减 A 减 2C 的思维程式解题,有的被试者完成试验后还洋洋得意,以为自己能很快归纳出公式,并能用公式解决问题。但实验做完后,主试者再叫大家思考一下四、五题的解法时,他们才恍然大悟,知道自己没有选用最佳方案。问其原因则说:“根本没想到”。由此可见,思维定势确实有其消极影响的一面,由于前三题使受试者的思维形成了一个固定的 B 减 A 减 2C 的思考程式,产生了思维的专注性,因而抑制了思维的灵活展开。这就是说思维定势使受试者养成了一种呆板的机械的解题习惯,因而一时蒙蔽了心智。

克服的方法有三。一是保持思维的批判性,表现在理论问题上要吸收科学内容,抛弃非科学的成分,科学工作者要勇于批评和自我批评,坚持真理,不断修正原有的错误认识。二是群体鼓励，经常进行学术讨论，辩论以活跃思维。三是暂时搁置。当思路受到阻碍陷入困境时，暂时停止思考它，做别的事情，这样较易摆脱思维定势的束缚。

四、想 象 力

想象是在现实刺激物的影响下，在人们的大脑中对记忆表象进行加工改造，从而再造和创造新形象的心理过程。想象力，是人们根据一定的知识和感性的形象，在头脑中进行加工、组合、从而产生新的形象的能力。想象力对人们进行创造性的劳动和掌握知识有重要作用。人通过记忆、观察活动获得大量的信息，是进行创造性劳动的前提，但还必须具备想象力，才能创造活动。想象是人们特有的对客观世界的一种反映形式，它能够“思接千载”“视通万里”，冲破时间和空间的限制，在广阔领域里驰骋，搜索一切奇珍异宝，因而想象可以使人们从已有的知识和经验出发，通过延伸、扩展，从而产生新的知识，构造新的形象，所以，没有想象就没有科学的创造和艺术创造。爱因斯坦说：“想象力比知识更重要，因为知识是有限的，而想象力概括这世界上的一切，推动着进步，并且是知识进化的源泉。严格地说，想象力是科学研究中的实在因素”。人类思想的进步，科学事业的发展以及丰富多彩的现代文明和社会文化，都离不开人类的想象。

从事任何学科和专业都需要想象力，只不过想象的内容和方式不同而已。如在临床上常对各种疑难病症的诊断提出各种设想，对难以确诊的疾病进行假设治疗，根据治疗的反馈信息，证实或推翻假设，从而得到正确诊断，这便是以科学假说形式进行的想象。

心理学家认为，大脑有四个功能部位：即接受外部世界信息的感受区；将这些感觉信息收集整理起来的储存记忆区；评价所获得信息的判断区和按新的方式把新旧信息结合起来的想象区。认得思维能力相应的分为感受力、记忆力、判断力和想象力四种。想象在创造性思维中起着十分重要的作用。据认为，大部分人使用判断力较多，而使用想象力的 15% 左右，大有潜力可供开发。

培养和发展想象力的基础是丰富的知识和经验，没有知识与经验的想象，只能是没根据的空想，或者是漫无边际的胡思乱想。大学生应该使自己的想象扎根于现实经验与知识的土壤中，才能长出创造性想象的幼苗。

保持和发展好奇心。一般地说，成人不如儿童好奇心强烈，应该提高对科学的兴趣，对自然和社会规律不断地进行探索，使之成为活化想象力的“酶”，促使自己的想象力不断展翅高飞，才能在学习上、科学上做出贡献。

讨论和争论可以使想象力得到激发。“水尝无华，相荡乃成涟漪；石本无火，相击乃发灵光”。学术讨论有助于激发想象，摆脱原有思维定势的影响，在不同的思想交锋中，可能撞击出新的想象火花。

第三节 培养和发挥非智力因素在学习中的作用

学生成才是各种主客观因素共同作用的结果。其中主观原因包括非智力因素和智力因素两个方面。敏锐的观察力、良好的记忆力、敏捷地思考力、丰富的形象力等智力因素，对于成长的作用是不言而喻的。但是，人才的成长不仅取决于人的智力（聪明程度），而且还和非智力因素密切相关。一般认为,良好的智力因素只能为学生提供某种可能性,而把这种可能性转化成现实,还应具备良好的非智力方面的心理品质。本节着重就非智力因素中的理智、兴趣、情感和意志等几个方面,阐述在大学生学习成才的作用,及如何发挥和培养这些心理因素的品质。

一、树立崇高的人生理想

理想是人们对未来的向往和追求,是人们的世界观在奋斗目标上的集中体现。青年人对美好的理想有着热烈的憧憬和执著的追求,为理想而献身,在奋斗中成才,是大学生的时代风貌。理想具有不同的层次,如社会理想,职业理想,生活理想等。社会理想是人类思想的最高层次。理想还具有明显的时代特征,不同的时代,人们向往追求的理想目标不一样,例如我们国家提出,把我国建设成为富强、民主、文明的社会主义现代化国家,就是现阶段我国各族人民的共同理想,全国人民应该为之而努力奋斗。

理想是学习的内驱力,不同的理想产生不同的学习动机。如果学习动机是振兴中华,实现中国梦,表现为对民族、对国家的高度责任感,他们就有使不完的劲,用不完的力,热爱专业,勤奋学习,以期将来能胜任工作,为祖国为人民做出更大的贡献。如果没有什么远大理想,就会认为“进了大学门,就是国家人”。铁饭碗到手,满足六十分,安于现状,不思进取。前一段时期,某小报登载了一篇《教室铭》,反映了这种人的心态。其文曰:“分不在高,及格就行;学不在深,作弊则灵;斯是教室,唯吾闲情;小说传得快,杂质翻得勤;琢磨下象棋,寻思看电影。可以打扑克、写家信。无书声之乱耳,无复习之劳形,虽无跳舞场,堪比游乐厅。心里曰‘混张文凭’”。这种丧失了人生远大理想,精神空虚、醉生梦死的心态,如不及时猛醒,幡然悔悟,将来必然是学校的废品,社会的垃圾,是很可悲的。

理想是人生的精神支柱,人除了物质生活之外,还必须有丰富的精神生活。任何其他动物的根本区别之一就是人有精神有追求有理想,如果一个人没有精神生活,只满足于物质享受,那就和禽兽没有区别。正如孟轲所说:“饱食、暖衣、逸居而无教,则近于禽兽。”俄国哲学家别林斯基说过:“世界上有两种人,一种人是虚度年华,另一种人过着有意义的生活。在第一种人眼里,生活就是一场睡眠,如果这场睡眠在他看来是睡在既柔和又温暖的床上,那他便十分心满意足了;在第二种人眼里,可以说生活就是建立功绩……人就在完成这个功绩中享受到自己的幸福”。很显然,现代的大学生,都应该选择第二种人生道路。一个胸无大志、无所事事者,是绝不会有半点成就的。崇高的理想是成就伟大事业的力量源泉,它给人以坚定的信念和无穷的力量。以学习为己任的大学生,应该在理想的驱动下,勤奋学习,立志成才,为祖国的卫生事业和人类健康做出贡献。

二、培养浓厚的兴趣

兴趣是人们积极探究某种事物或进行某种活动的倾向,是人的个性心理品质中的一种带有趋向性的态度。大学生对学习产生了兴趣,才谈得上积极钻研。兴趣越浓厚,钻研越勤奋,就能学得更多更好。所谓“书痴者文必工,艺痴者技必良”,讲的都是这个道理。

兴趣在学习中具有极大的作用。兴趣能够凝聚学习思考的注意力,激发人们的创造热情。如法拉第对电学和化学的研究极有兴趣,导致了“电磁感应定律”的发现;达尔文被自然界各种生物的千差万别的变化所吸引，决定了他一生的事业等。兴趣能坚定人的毅力，能增强人的记忆力。这是人们都容易体会到的。当人们对一事物感兴趣时，就会首先注意它、研究它，这样，当然就容易记住它。对学习功课也是一样的。

可能有的同学会说，我对学医没有兴趣，或者对某门功课不感兴趣，怎么办？这里有一个兴趣的培养和兴趣的转变问题。兴趣并不是先天就有的，而是人们在社会实践中发生发展起来的，它渗透着许多复杂的因素，它包含着家庭、学校、社会的影响以及个人所处的环境和心理因素等各种互相交织的成分。兴趣的产生受家庭环境的影响，也受社会责任感的影响，也受书籍、报刊等大众传播媒介的各种信息的影响。例如，有的人在读书时，发现书中提出了一连串没有解决的问题，使人产生了浓厚的兴趣，激发人们去研究、探索。另一方面，个人兴趣也不是不可以改变的，随着年龄的增长，环境的变化，知识、见闻的增多，兴趣也会发生变化。许多在事业上成功的人，他所从事的工作，并不是他原来喜爱的工作。大家都知道，原国家女排教练袁伟民，原来是立志学工的，由于他具备运动员的基本素质，组织上让他去学了排球。他这个平时连排球都没有碰过的人，初学时也是很痛苦的。可他服从了分配，在实践中加深了对排球运动的认识，逐渐对它发生了浓厚的兴趣，把自己的身心都倾注给了排球事业。担任女排教练以后，卧薪尝胆，励精图治，终于率领中国姑娘为我国夺得了三大球第一个世界冠军，他的这种精神不值得大家学习吗？热爱是人生最好的老师，而兴趣又是成功的胚胎。要学好专业，先得从培养兴趣开始。如果是志愿进入医学院校，那当然很好。如果不是，就要处理好个人兴趣和客观需要的关系，把社会需要转化为个人兴趣，使个人兴趣同社会需要保持一致，学习才能成功。

三、培养稳定而理智的情感

俗话说："人非草木，孰能无情"。在日常生活中，人和人的交往中，人和周围事物接触中所产生的态度体验，就是情感。它是一种心理现象，并通过一定的形式表现出来，如人们对一些事物表现是愉快的，而对另一些事物则是厌恶的、愤怒的，就是情感的不同表现形式。

情感对人的生理有直接影响，当外界刺激而引发各种情感时，会引起人体内部一定的生理变化。例如，当发生比较强烈的情感时，引起呼吸急促，心跳加剧；在突然受惊恐时，呼吸全被暂时抑制，面部血管收缩而变得苍白。又如，人在不愉快时消化功能就会减弱而食不甘味；而在高兴的时候，消化能力就会格外加强，所谓："笑一笑，十年少，愁一愁，白了头"，就是这个道理。

情感对学习生活的影响是显而易见的。一个大学生在崇高理想的驱使下，抱着对事业的责任感，怀着热情、振奋、喜悦的积极情感，才能使自己精力充沛、观察力敏锐，注意力集中、想象力丰富、思维力敏捷，记忆力增强，才能有效地进行创造性学习，促进智力发展。相反，如果整天郁郁寡欢、心灰意冷、忧伤烦闷、毫无朝气、思维便会停滞，抑制智力的发展，当然谈不上学习的效率和收获。

大学生情感具有丰富、易变的特点。和中学生相比，有一定调节和克制自己情感的能力，但易随周围环境的变化而波动，不稳定的情感或情绪对于他们的健康、智力的发展，个性的发展乃至人际关系都会产生时而积极时而消极的影响，更多的时候是消极的影响，所以培养稳定而理智的情感是非常必要和重要的。

理智的情感是一种较高尚的情感或者叫情操。是人们认识和追求真理的需要而产生的情感。热爱真理和坚持真理，构成理智情感的核心。凡是按照正确的认识和事物的客观规律办事的强烈需要，热爱真理，追求真理，热爱科学，强烈的求知欲，以及鄙视浅薄、厌恶浮夸和厌恶强词夺理等，都是理智情操的表现。理智情操是推动人们扩大知识面和追求真理的动力之一。正如列宁所说："没有人的情感，就从来没有，也不可能有人对真理的追求。"在学校里，大学生应该在学习的过程中，认真体验科学知识对社会的用途，对个人成长的作用，从中得到满足和喜悦，逐步培养自己的理智情操。并且认真不懈地学习，学习的知识越多，才会不断在学习中体验到学习的乐趣，产生学习的热情，学习热情又反过来推动自己积极学习，这样逐步培养起积极稳定的情感。

四、锻炼坚强的意志

意志，就是人们自觉地确定目的，并根据目的来支配和调节自己的行为，克服各种困难，去实现目的的心理活动。受意志支配的活动，称为意志活动。意志对意志活动的支配，不但表现在发动符合目的的行动，同时还表现在制止不符合目的的行动。人的意志行动有如下几个特征：①明确的目的性。他是自觉的有目的的行动，是受意志控制和调节的行动；②它是与克服困难相联系的行动；③与认识密切相关。人的意识活动总是建立在对客观现实的认识基础上思维。意志是人类特有的心理现象，意志行动也是人类特有的行动。他表现了人的主观能动性，表明人不但可以认识世界，而且可以改造世界。而动物只能适应环境，所以没有意志和意志行动。

坚强的基本品质是自觉性、果断性、坚韧性和自制性。坚强的意志是事业成功的必要条件，翻阅历史上每个为人类做出贡献的人的经历，无一不是具有坚强意志的崇高品德的。在中外历史上，以坚强意志和毅力创造出惊人奇迹的范例是不胜枚举的。曹雪芹花了10年的时间写成了《红楼梦》，达尔文用了28年的时间，写成了《物种起源》，徐霞客写成《徐霞客游记》用了近30年时间，马克思写《资本论》花了40年，歌德写《浮士德》花了60年。这里用得着《聊斋志异》一书的作者蒲松龄的一幅自联："有志者，事竟成，破釜沉舟，百二秦关终属楚。苦心人，天不负，卧薪尝胆，三千越军可吞吴。"

大学生想学有所收获，将来有所作为，必须认真磨炼自己的意志。那么如何磨炼自己的意志呢？

第一，要自觉地确定自己的行动目标。应当根据理想和本人情况，制订切实可行的奋斗目标，这个目标不但应具有社会价值，而且经过努力可以达到。这样才能激发自己自觉地磨炼意志的决心。

第二，要注意在小事上约束自己的行为。意志的培养，也有一个从低到高，由弱到强的过程。在日常生活中，常有不少平凡小事，对意志的培养起重要作用。如自己有影响学习的一些习惯，就应该下决心克服它，对每一件小事都认真对待，一丝不苟，久而久之，都可以使人变得坚强有力。

第三，在克服困难中培养毅力，在逆境中历炼成才。人生的道路坎坷不平，科学高峰险阻丛生。要磨炼坚强意志就必须不怕困难，勇于战胜困难。古今中外杰出人物都具有迎难而上，战胜失败的顽强毅力，而这种品格。"奇迹多是在厄运中出现的"。英国哲学家培根这句富有哲理的名言，是古今中外一切奇迹创造者的经验之谈。请看：贝多芬在惨遭人生不幸后写下了不朽的"命运交响曲"，出身穷苦铁匠家庭、13岁的卖报童法拉第，打开了电能宝库的大门；富兰克林当过印刷工，爱因斯坦当过小职员，爱迪生当过小报童，他们都是在艰苦的条件下，在同各种困难作斗争中锻炼了坚强毅力，为人类作出了伟大贡献。我国历史上的例子，太史公司马迁曾做过精辟的概括。他说："文王拘，而演周易；仲尼厄，而作春秋；屈原放逐，乃赋《离骚》；左秋失明，厥有《国语》；孙子膑足，《兵法》修列；不韦迁蜀，世传《吕览》；韩非囚秦，《说难》《孤愤》；《诗》三百篇，大抵圣贤发奋之作也。"厄运能磨炼人的意志，鼓励有志者奋起；厄运能逼迫人们开掘自身的潜力，调动全部智慧以求生存发展。坎坷多与坦途在一起。这就是历史的辩证法。

第四，要有坚持不懈的恒心。学问和才能是一天一天积累起来的，成才的道路也是漫长的。要有韧性，有恒心，"锲而不舍，金石可镂"，"只要工夫深，铁杵磨成针"，恒心是成功的伴侣，巴斯德曾说过："告诉你使我达到目标的奥秘吧，我唯一的力量就是我的坚持精神"。他还说过："字典里，最重要的三个词，就是意志、工作、等待。"清人郑板桥有这样一句诗："咬定青山不放松，立根原在破岩中。千磨万击还坚韧，任尔东西南北风。"

大学生只有具备好的意志品质才能战胜种种困难，忍受任何打击，在逆境中奋起，在顺境中自重，向着既定的目标，"咬定青山不放松"，在学习过程中"千磨万击还坚韧"就一定能够达到成才的目的。

第四章　学 习 方 法

人的生命是有限的，在有限的生命之中，我们要学习的知识却如汪洋大海一样，浩瀚无边。在学习知识的过程中，如果没有正确的方法做指导，必定会耗费大量的精力，在学习方法上取胜者才能为自己顺利地开启成功之门打下坚实的基础。贝尔纳在《科学研究的艺术》中说“良好的方法能使我们更好地发挥天赋的才能，而拙劣的方法则可能阻碍才能的发挥”。说明方法的重要性，学习也不例外，良好的学习方法可以事半而功倍，不好的学习方法则事倍而功半。所以不可以不研究学习的方法。本章主要讨论学习原则、学习的几个环节，科学地使用时间，并介绍古今名人的学习方法。

第一节　学 习 原 则

学习原则是学习过程客观规律的反应，它来源于学习实践，对学习具指导作用，同时又受到实践的检验，因而它具有实践性；如果它能正确地反映学习过程的客观规律，它就具有科学性体现了人们对于学习过程客观规律的认识和应用，是学生学习所应当遵循的原则。由于《学习论》研究尚处于初始阶段，对学习原则的总结和讨论不多，尚未形成“学习原则体系”这里提出的学习原则仅供同学们学习时参考。

大学生学习原则有如下九条。

一、实现自我全面发展的目的性原则

全面发展是我国教育的根本目标，也是大学生成才的基本要求，所以学习遵循的第一条原则就是全面发展的目的性原则。一般地说，包括下面的含义，即德、识、才、学、体、美等诸方面，德包括热爱党，坚持社会主义道路的政治品德，全心全意为病人服务的医学道德，坚定不移为事业勤奋工作的个性品质；识，就是见识，一个大学生应该有远见卓识，有为医学事业献身的远大理想和抱负；才，就是才能，即较强的能力和创造精神；学，指学问，知识，即广博扎实的现代科学基础知识和专业理论知识；体，有强健的体魄；美，有一定审美修养和体会患者的审美要求。

二、学习过程中智力因素和非智力因素相结合的原则

在学习过程中，一方面运用并发展锻炼诸如观察力、记忆力、思维力、想象力等智力因素，力求发挥智力因素的整体作用；同时，要强调非智力因素在学习中的重要作用。如学习动机、兴趣、情感、意志等非智力因素是大学生学习的动力系统，有助于建立正确的人生观、价值观、理想和信念，使之学有方向，习有目标。智力因素和非智力因素是相互作用，互为因果的，所以善于把智力和非智力因素结合起来，贯穿于整个学习过程中，必将获得最佳的学习效果。

三、掌握知识和发展能力相结合的原则

前面已经讲过，知识是发展能力的基础，能力有助于更好更快地掌握知识，二者既有区别又有联系。有了合理的知识结构，就成为发展各种能力的良好基础。但是有了知识并不等于形成了能力。对于当前的许多大学生来说，在学习、建立自己合理知识结构过程中，应看到自己各种能力较差的一面，着力培养各方面的能力。

四、循序渐进，打好基础的原则

大学生学习阶段的主要任务是打好基础，就是说，要把所学课程的基本知识、基本理论和基本技能学到手。因此，要循序渐进，一步一步地学好，把基础打牢固。基础的东西具有较稳定的特点，可变性较小，有许多基础的知识可以终身受用。所以在校期间，应该注重循序渐进、打好基础这一学习原则。"不积跬步，无以至千里；不积小流，无以成江海"。切忌好高骛远，急于求成。否则只能是"欲速则不达"，想学得快些，结果反而慢了。

五、专博结合的原则

这是做学问的一条重要原则。我们建立知识结构，既要有广博的知识面，又要在自己的专业范围内学的专而精。如医学基础知识，临床专业知识和技能，就要学好，打好牢固的基础。既专且精，其他方面的自然科学，人文科学，应根据自己能力，尽量广泛涉猎，这样专博结合，不但有利于适应工作的需要，而且对提高自身的文化素质，心理素质都有很大裨益的。

六、联系实际，学用结合的原则

学习的目的全在于应用，而联系应用的学习方法是最有效的学习方法之一，所以联系实际，学用结合不仅是一条重要的学习原则，而且是重要的一种学习方法。所以医学生学习基础理论时，应随时注意联系医学实践进行学习，学习目的明确，就容易理解和加强记忆，"使用是最好的学习，诚非虚言"

七、教师指导下的独立学习原则

自己读书获得知识发展能力。要学会自学，学会记笔记，学会使用工具书，阅读参考资料，学会积累资料等。但是应该十分重视教师的作用。"古之学者必有师"这是一个真理，教师的作用在于给你指导学习方法，帮助你选择书籍，介绍有关学科的发展情况等经常而主动地请教老师，不但可以学到许多书本上学不到的知识，在学习中少走弯路、错路，还可以老师的严谨治学态度和科学的治学方法。

八、科学用脑，讲究卫生原则

大脑是思维的器官，无论哪个人学习都离不开大脑的功能。如何有效地发挥人脑的作用，这里有个科学用脑讲究用脑卫生的问题。科学用脑首先要掌握最佳用脑时间，就是指一个人大脑皮质处于高度兴奋的时间，这时进行学习会取得最好的效果。其次要制订学习计

划,每月、每周、每日都要制订一个学习计划,主动地进行学习,科学地划分时间,使学习生活制度化、规律化,再次是应该保证充足的睡眠、适当的营养、合适的休息和锻炼,造成一个良好的学习气氛和身体素质。这样,不但能保证充足的精力,并且还可以不断发展大脑的思维力和记忆力。

九、自我知识体系化的原则

所谓的自我知识体系化,就是把在学习过程中已经理解了的知识,经过自己深入的再思考,重新归纳和整理,形成自己的知识体系,变成自己的“私有财产”。要想把知识真正学到手,总要经过一个知识的自我体系化的过程,这个过程一般分四个阶段。

1. 初步熟悉材料

对所学新知识,新材料的感性认识阶段。对所学内容一时可能不完全理解,但要尽力形成正确的表象。

2. 理解阶段

这是核心阶段,对已感知材料有待于形成概念和理论。这是认识上的第一次飞跃。因为任何一门学科都变现为一定的概念系统,一切科学的理性认识都借助于概念才能形成。理解就是积极地进行抽象思维仔细地比较、分析、判断推理、形成准确的概念。

3. 记忆阶段

就是将感知、理解了的知识,储存在自己的头脑之中,当需要时,能够把已有的知识重现和再认出来。

4. 总结归纳,形成能力阶段

在充分理解基础上,抽象概括,去粗取精,总结归纳,认识规律,构成自己的知识体系。

在学习医学的过程中,一般是按学科体系进行教学,获得的知识主要是各学科的知识系统,这样是不符合临床的需要的,在学习过程中,就是要学会把各学科的知识,进行组合,使之自我体系化。如把解剖、生理、生化、病理和其他学科有关知识,自己进行综合归纳,使之物化为自己的知识体系。应用时,可以随时检索。并在实践中不断发展,逐步丰富和更新自己的知识体系。这是认识上的第二次飞跃。这时,只有在这时,我真正把知识学到手了。

第二节 学习的几个基本环节

一、预　　习

就是在上课前进行预习。许多能够主动学习的学生都把预习看做一个重要环节。“凡事预则立,不预则废”。课前预习有三大好处。第一,争取了学习的主动性和计划性。通过预习了解新课的内容,先给自己提出问题,明确新课的疑点难点,做好符号,做到心中有数,在课堂上通过老师的讲课和自己的思维活动,有重点地解决问题。第二,可以提高听课的积极性。通过预习,了解了懂和不懂之处,在学习情绪上有了一个准备,听课时不会感到突然和迷茫。由于事前心中有数,老师讲课的每一个环节,都会引起注意力和积极的思维活动,为力争当堂消化创造条件。第三，经常预习，养成自学的好习惯，可以养成独立学习、分析问题的能力。因此，如果能做到课前预习必将收到良好的学习效果。若一时做不到或感到时间紧迫，先看看大小标题，黑体字或是关键字词语，也是有帮助的。

二、集中思想，专心听讲

这是大家共同的经验。专心听讲就是注意力高度集中。课堂教学仍然是教学的主要形式。课堂讲授的内容是教师精心准备的。如果做了预习，对预习中已经看懂的内容，通过认真听讲，可起到复习、巩固和加深理解的作用，并可以节约课后复习时间；对于重点、难点、疑点，更要注意听。不仅要听老师讲授的科学内容还要注意老师讲课的思路和阐述问题的逻辑方法。专心听讲的另一个含义就是积极思考，包括：①本讲内容的前后联系，主要同前后讲过的内容联系起来，有助于理解本讲的内容，还可以联系有关课程内容，如机能联系状态，病理联系生理；②分类和比较，对讲课内容有时可以进行分类，如人体基本组织的分类，药物的分类；或作比较，如比较有关内容异同点等；③对于尚未听懂的内容，存疑以待和同学讨论或请教教师。这样的听课定将收到良好的效果。

但能够做到专心听课也是不容易的，那么怎样才能做到这一点呢？下面几点可能是有帮助的。

第一，用自己的意志排除一切有碍于听课的心理活动，把听好每一堂课和自己的理想目标联系起来。因为在课堂上，内外因素都可能影响学生的注意力。例如有人正在看一本好小说，或昨晚看了一场好电影，余兴未尽。稍不注意，一些故事情节就会在脑海中浮现出来；有的学生由于担任了社会工作，或者要参加文娱表演、体育竞赛，也会使他去考虑这些问题；或者近日遇到非常高兴的事，或不愉快的事，出现两极情绪不是处于和谐平静的心态去听课，都不能很好地集中注意力、专心听课。正是在这种状况下，需要以顽强意志，高度的自觉性，用理智克服情感，排除心理障碍，专心听讲，去领悟有用的知识，以武装自己。

第二，明确学习目标，激发学习兴趣，调动内部学习动机。对每课内容的要求，应该有明确学习目标，了解应该掌握些什么东西，造成一个听课的欲望感。否则，听课处于被动状态，两只耳朵一双眼，左耳进右耳出，不动手，不用脑。这样，除了浪费时间以外，别的就得不到什么了。

第三，做笔记，就是集中注意力的有效方法，这是很多人的经验所证明了的，并且它还可以调节大脑思维活动，提高听课效果。

第四，注意课前课后休息，合理用脑。听课是一项高度紧张的脑力劳动，应注意课间休息，下课后，最好到室外走走，活动活动，使紧张的大脑松弛一下，恢复精力，有利于下一节的听课。

三、课外学习

（1）复习：“复习时学习之母”是战胜遗忘的有力武器。复习一般有下列几种：①课后复习，即当天功课当天复习，要求达到全部理解，重点记忆；②阶段复习，如讲完一个章节或一个系统，进行系统复习，把前后联系起来，只是一次更深入更全面的复习，这要花较多的时间。复习方法因人而异,但要求对一门课程达到系统理解,对学科的基本概念,基本理论和基本知识熟练掌握,并能达到初步联系实际应用的目的。

(2) 提问:学问,就是包含“学”和“问”两个意思要获得知识就离不开问,可以请教老师,也可以请教同学,问可以解决自己思考不出来的难题,可以节约自己思考花去的时间。但也不能不加思考,全赖疑问,这不利于培养独立思考的能力。在学习中应该先思后问,相辅而又相成。

四、记 笔 记

听课要不要记笔记,如何记笔记,这是同学们必然要遇到而又必须解决的问题。听课记笔记是必须的,具体的优点和方法如下。

(一) 记笔记的优点

1. 记笔记是学习的一种辅助方法,也可以帮助记忆

很多人都有共同经验,在相同情况下,记了笔记比没记笔记所获得的印象要清楚、深刻得多。这是因为同一时间内,大脑接受了听觉和视觉刺激外,还接受动觉刺激,因而刺激在大脑皮层形成的印象自然要深刻些。

2. 记笔记可以锻炼综合归纳问题的能力

一般要求用自己的话做简要摘记,故记笔记过程就是归纳问题和理解消化问题的过程。所以,记笔记的好坏,往往可以代表一个人的学习能力和对教材的理解程度。

3. 记笔记可以帮助听课时集中精力,并且提高学习效果

单纯听课,皮质受到单调刺激,容易受到抑制,记笔记可以激发皮质,使思维活动始终处于积极状态,因而听课效果自然会加强。

4. 笔记可以恢复提纲,节省时间

同时又可以记下书上没有提到的补充材料。

(二) 记笔记的方法

1. 提纲式笔记

提纲式笔记,即按照教师讲课的顺序,提要的记下来,节省时间,不影响听课,这是听课时常用的方法。但要求记录时要眉目清楚,条理分明。

2. 补充式笔记

补充式笔记,就是只记教师讲课时教材上没有的内容。这可以记在笔记本上,也可以记在书的空处,或者记在一张白纸上面,然后贴在书上。

3. 在书上画线标记

随着教师讲课,在书上画符号表示重点难点等,也是一种方法。但切记满篇满章的画,这样等于不画。画线应有一定目的,可以考虑用不同的线或不同颜色的画线的方法。如难点、重点用红色,问题重要用蓝色,疑难问题用黄色等等。自己可以根据需要自行设计一种学习方法,以便服务于自己的学习。

记笔记是学习的一种重要方法,是储存信息的不可缺少的手段,也是一种良好的学习习惯,有人说:"最淡的墨水也比人的脑子记性好","好记性不如烂笔头",都是说的记笔记的重要性。所以除了课堂上记笔记之外,更重要的是在课后复习,以及读参考书时坚持做笔记,积累知识,储存信息,为建立自己合理的知识结构不断增加新的内容。

第三节 学习方法摘录

一、SQ3R 学习法

"SQ3R"是英语 survey, question, read, recite, review 五个词的词首缩写,译成中文就是"浏览,发问,阅读,复述,复习"。这种五段学习法,使有关学习和记忆的一些心理学原则得到综合性的最佳运用。对于学习教科书及需要精度的重要书籍,采用这种学习法是很有效的,此法在美国依阿华大学创用后,深受推崇,在美英等国家和地区的心理学教科书中多有介绍,并有讨论如何学习的书加以论述。简介如下,以便参考。

1. 浏览

在学习一本书之前,先概括地审查一遍。这个阶段着重于看书的序,目录,正文中的大小标题,图表照片以及注释、参考文献和索引这些附加部分。以便对全书有一个总的、直觉印象。这不仅可获得对全书的大体了解,有助于进一步理解,并且可以把自己原来已掌握的知识和经验调动起来,因为使未知与已知相结合,使大脑里面已有的联系调动起来与新学的材料建立更多的联系,这是记忆和理解的关键。同时,这一浏览过程也使学习者对重点难点心中有底,为进一步阅读的主动安排提供了基础。

2. 发问

在这一个阶段,再次进行浏览略读,不过与第一次浏览不同。这次着重于阅读大小标题、黑体字或其他重要表示基础上提出一些问题来。这样一些问题的提出,可以使随后的阅读阶段更有目的,更有兴致。也可以自己先行对问题试行解答,经过阅读,这些问题便可得到矫正或补充,从而可以提高独立思考、解决问题的能力,以及学习与记忆的效果。"发问"使得阅读变成一个有准备的、主动的、批评的、时时注意的过程,这对于集中注意力、增强求知欲和学习的兴趣,加深理解和记忆都是有好处的。

3. 阅读

带着问题进行深入地阅读。调动各种器官积极活动,要做到眼到口到心到手到。对于专业术语要搞清楚其准确意义。可做圈点,画着重号或提示性的批语。对章首、末的关键性文字和重点段落尤应加强注意。还可做笔记,笔记可以是提纲式、摘要式或者心得式等类型,根据需要选用,以求加深理解、增强记忆。

4. 复述

即"回忆"。在这个阶段中,重行阅读,对各个部分所提出的问题试予解答,并试图合上书复述每个部分的主要内容,进行学习和记忆效果的自我检查。这种主动的、及时的回忆,可以集中注意力,发现尚未掌握好的难点从而突破之,还可以提高记忆效率(花的时间更少而且记得牢)。

5. 复习

在复述的基础上,根据问题解答满意的程度、能回忆起来的程度,进行全面而有重点的学习。复习应在学习后一两天之内进行，隔一段时间还要重复进行，以保证学习和记忆效果的巩固。

二、名人读书法则

1. 王国维谈治学"三种境界"

王国维在《人间词话》一书中说，治学有"三种境界"。就此，他引用三首宋词名句来解释。

其一是晏殊《蝶恋花》里的"昨夜西风凋碧树，独上西楼，望尽天涯路"。只是治学的第一境界。初学阶段，正如人刚从平地登上高楼，顿时心旷神怡，眼界大开，从而认识到过去所学的知识少得可怜。

其二是柳永的《凤栖梧》里的"衣带渐宽终不悔，为伊消得人憔悴"。只是治学的第二境界，说的是在强烈的求知欲的驱使下，专心致志，废寝忘食，虽然花尽了精力，致使身瘦衣宽，容颜憔悴，但也心甘情愿，毫无悔意。

其三是辛弃疾的《青玉案》里的"众里寻她千百度，蓦然回首，那人却在灯火阑珊处"。只是治学的第三境界。意指一人在元宵之夜寻找他追慕的不同凡俗的美人时的情景，说明真才实学来自于"千百度"的钻研探索过程，而一旦有所发现，就体会到莫大的幸福和快乐。

"古今之成大事者、大学问者，必经过三种境界"。有志于治学的人，当从王国维说的"三大境界"中得到启迪。

2. 鲁迅读书五法

(1) 多翻法。他说"书在手头，不管它是什么，总要拿来翻一下，或者看一遍序目，或者读几页内容"这样可以防止受某些坏书的欺骗。同时，还可以开阔视野、启迪思路、增长知识等。

(2) 跳读法。鲁迅认为："若是碰到疑问而只看那个地方，那么无论到多久都不会懂的。所以跳过去，再向前进，于是连以前的地方都明白了。"

(3) 设问法。这就是大体了解一下书本的结构和内容以后，提出问题：是什么？为什么？怎么样？然后带着这些问题去细读全书。

(4) "五到法"。心道：集中精力，全神贯注；口到：开口读书，读出声来；眼到：仔细浏览，目光专著；手到：边读边做笔记；脑到：善于动脑筋，勤思考，多分析。

(5) 立体法。鲁迅说："倘要看文艺作品，则先看几本名家的选本，从中觉得谁的作品自己最爱看，然后再看这一个作者的专集然后再从文学史上看看他在史上的地位；倘若要知道的更详细，就看一两本这个人的传记，那便可以大致了解了。"此法，既有一般的泛读，又有重点的"深掘"；既有横断面，又有纵剖面；既有对厚著作的钻研，又有辅助读物，有利于较为全面的知识结构的组成。

3. 华罗庚谈读书厚薄转变问题

学习基础上注意掌握"由薄变厚"，再"由厚变薄"的规律。

关于"由薄变厚"，容易理解。如看一本书，不懂的地方要加以注释，要看参考书，才能弄懂，还得做一定数量的习题，才能领会深一点。我们接触的内容、材料比原来多了，这就是由薄到厚。

由薄到厚之后,还有一个由厚到薄的过程。如看一本书经过加以注释,看参考书,做习题,如果下了真功夫,动了脑筋,那么,这本书的内容,我们消化了、理解了,书也就变薄了。

"由厚变薄"与独立思考是分不开的。在学习过程中,我们开动脑筋,认真地进行分析、综合领会书中的基本原理和精神实质,也就分重要的。对于从事科研或其他工作都很必要。在历史上,任何科学上的重大发明创造,都是由于他们充分发挥了这种独创精神。"有薄变厚"再"由厚变薄",这两个阶段是互相联系的。只有在第一阶段下了工夫,会达到"由厚变薄"了。这里要强调一下,培养独立思考能力做到"由薄到厚",才能比较深入地掌握书中的基本原理,达到"由厚到薄"的境地。如果第一阶段不肯下功夫,光记一些功夫,背会了一些定理,不求甚解。这样,既不能"由薄到厚",也不会达到"由厚到薄",只能陷于茫茫大海之中,达不到真理的彼岸。因此,在整个学习过程中,要贯穿一种精神,就是要刻苦用功,要有"攻书不畏难"的精神。

4. 爱迪生"读书"——读书、学习要有"目标"、"志向"

伟大的科学家爱迪生,童年时被视为"低能儿",只上过3个月学便离开了学校。12岁那年,他当上了火车上的报童。火车每天在底特律停留几小时,他就抓紧时间到市里最大的图书馆去读书。不管刮风下雨,从不间断。当时,他随着兴致所至,任意在书海里漫游,碰到一本读一本,既没有方向,也没有目标。有一天,爱迪生正在埋头读书,一位先生走过来问:"你已读了多少书啦?"爱迪生回答:"我读了十五英尺书了"。先生听后笑道:"哪有这样计算读书的?你刚才读的那本书,和现在读的这本完全不同,你是根据什么原则选择书籍的呢?"爱迪生老老实实地回答:"我是按书架上图书的次序读的。我想把这图书馆里所有的书,一本接着一本都读完。"先生认真地说:"你的志向很远大。不过如果没有具体的目标,学习效果是不会好的。"这席话对爱迪生触动很大,成为他确立学习方向的一个转机。他根据自己的爱好、兴趣和专业目标,把读书的范围逐步归拢到自然科学方面,特别注重电学和机械学。定向读书,终于使他掌握了系统而扎实的知识,成为伟大的科学发明家。

学习要有志向,目标要明确。作为正迈入21世纪的大学生,学习目标应更加明确和远大。在学习目标确立过程中必须坚持三点:一是确立无产阶级的立场、观点和方法。这就需要认真学习好马列主义与邓小平的基本理论,掌握辩证唯物主义和历史唯物主义,用马列主义、邓小平理论辨别真伪,开拓新的知识领域。二是要有崇高的学习目的,树立为国家、为人民学习的远大志向。三是要扬长避短,科学地选择主攻目标。大学生在选择专业时,应进行全面系统的了解,培养起对所学专业的兴趣。在具有兴趣的基础上,坚定学习目标,刻苦攻读,学有所为。

实践证明:学习的成功,关键在于方向正确,目标明确,朝着一个既定目标,锲而不舍地追求。而朝三暮四,见异思迁,是很难做成学问的。

5. 陶渊明"指点迷津"——学习没有捷径

有位书生一心想具有渊博的知识,却又不愿下苦功夫读书,于是他就去向当时著名的诗人陶渊明请教学习的捷径,说明来意后,陶渊明把这位书生领到自己耕种的稻田边,指着稻子说:"你仔细看看稻子是不是在长高?"书生看了半天,眼睛都瞅酸了也没有看出稻子的变化。陶渊明说:"那为什么春天的稻苗会变成现在尺把高的稻子呢?"

陶渊明又把这位书生领到河边的一块磨刀石旁问;"磨刀石为什么中间出现像马鞍形

状的凹面呢？”书生说：“磨下去的。”陶渊明接着又问：“它可是哪一天磨成的吗？”

陶渊明说：“你是否从这两件事情上明白了学习的道理呢？勤学如春起之苗，不见其增，日有所长；辍学如磨刀石，不见其损，日有所亏啊！”书生听了陶渊明的这一席话，茅塞顿开，羞愧地说；“多谢先生指教，你使我懂得了学习是没有捷径的，只有勤奋好学才能成功啊！”

的确，学习是没有捷径可走的。这正如我国伟大的文学家、思想家、革命家鲁迅先生所说：“伟大的成绩和辛勤的劳动是成正比例的，有一分劳动就有一分收获，日积月累，从少到多，奇迹就会创造出来。”我们的祖先有许多名言警句也说明了这一点：“书山有路勤为径，学海无涯苦作舟。”、“学如逆水行舟，不进则退。”

如果说学习有捷径的话，那只能说学习要有科学的学习方法。爱因斯坦在回答他是怎样取得伟大的科学成就时，总结出了一个“成功方程式”，即：W＝X+Y+Z。W 代表成功，X 代表刻苦努力，Y 代表方法正确，Z 代表不说空话。

我们有些大学生，一说起自己的理想就会滔滔不绝，梦寐成为科学家、工程师、艺术家。但一具体接触书本，就会拈轻怕重，毛病百出。如果是这样，即使对未来的憧憬再美好，也只能成为不切实际的空中楼阁。

6. 富兰克林的成才之路——学习应坚定毅力和信心

在大学生生活中，时常也听到这样或那样的抱怨：怨生不逢时，怨没有个好家庭，怨过去学习基础没有打好，等等。这样的想法对吗？让我们看看伟大的物理学家富兰克林的成才经过吧。

富兰克林出生于一个手工业者的家庭，父亲做肥皂和蜡烛，母亲生了 17 个子女，他是最小的一个。家庭人口众多，经济负担沉重，富兰克林上到小学三年级就被父亲拖回来做工了，剪灯芯，做蜡烛，干着苦活。后来，父亲看到他喜爱看书，就把他送到富兰克林的哥哥办的一家印刷厂当了一名印刷工。在这样的厄运面前，他并没有屈服，而是“在不利与艰难的遭遇里百折不挠”（贝多芬语）。例如，他为了有书看，他和离印刷所不远的一个小书店的伙计交上了朋友，同他商妥，在书店关门前把书悄悄借走，第二天开门前把书还来，为的是绝不让老板知道。就这样，富兰克林白天上工，每天夜晚读书到深夜。

富兰克林的成才经过告诉我们：生活中给我们的启示是很多的，其中最重要的一点是：“请记住，环境愈艰难困苦，就愈需要坚定毅力和信心，而且懈怠的害处也就愈大”（托尔斯泰语）。无须慨叹，更不应颓唐，而应像遭受种种打击的贝多芬那样：“我要扼住命运的咽喉，用积极的精神向前奋斗。”

7. 孔夫子学弹琴——学习一定要精益求精

一次，孔子向师襄子学弹琴。师襄子教了一首乐曲，孔子便认真练习。10 天过去，师襄子说：“你学得差不多了，另学一曲吧！”孔子说：“我只学会了乐曲，但弹奏的技巧还没有掌握。”

过了一段时间，师襄子说；“你已经掌握弹奏技巧啦，可以另学乐曲了。”孔子却说：“这首乐曲所表现的思想感情还没有体会出来！”又过了些时候，师襄子说：“这首乐曲所表现的思想感情你已经弹奏出来了，该学新的乐曲了。”孔子又说；“我还没有弄清这首乐曲表现的是怎样一个人呢？”师襄子在孔子旁边坐下，仔细地听了一会儿高兴地说：“我从你弹奏的琴声中,仿佛看见一个人严肃地思考,他胸怀宽大,安然地遥望着北方。”孔子兴奋地说:“我想除了文王,别无他人。”师襄子惊喜道:“我的老师讲过,这首乐曲叫做《文王操》。”

这则故事生动地表现了孔子勤于思考、肯于动脑的学习态度和严谨求精的治学精神。文中一问一答,层层递进,深入浅出,言简意赅。我们不得不叹:孔子真不愧为一代圣人!现今大力推行的素质教育,正是从“开发潜能”切入,提高学生的全面素质、孔子学琴的故事为我们提供了一个生动典型的正面素材。我们的学生若能像孔子那样,对待学业认认真真、兢兢业业、精益求精,怎会不熟能生巧、举一反三、融会贯通呢?

8. 李政道的“从画地图说起……”——学习的重点是培养能力

著名美籍中国物理学家李政道教授曾于1984年5月2日访问了中国科技大学,在其与少年班的同学座谈时说过:“考试,只是考一个人的记忆力,考的是运算技巧。这不是学习的重点,学习的重点是培养能力。”

当时李教授问:“你们谁是上海来的学生?”

“我是。”一个少年大学生答。

“你对上海的马路熟悉吗?”

“差不多都熟悉。”

“那好。我再找一个从来没去过上海的同学。”

李教授一边说,一边指着另外一个少年大学生:“好,比如你,没去过上海。现在我给你一张上海地图,告诉你,明天考试的内容是画上海地图,要求标出全部主要街道的名称。”然后,李教授又回头对那位上海同学说:“不过,并不告诉你。第二天,叫你们俩来画地图。你们大家说,他们俩,哪一个地图画得好一些?”

同学们不约而同地指着那位没去过上海的同学,齐声说;“当然是他画得好一些。”

“大家说得对!”李教授很兴奋。接着说;“他虽然没去过上海,但是他可以连街道名称都标得准确无误。不过,再过一天,如果把他们俩都带到上海市中心,并且假定上海市所有的路牌都拿掉了。你们说,他们俩哪一个能从上海市中心走出来?”同学们都笑了,答案是显然的。

李教授说:“我们搞科学研究,就是在没有路牌的地方走路。只有多走,才能熟悉。你地图虽然画得好,考试可得100分,但是你走不出去啊。所以,真正的学习是培养自己在没有‘路牌’的地方也可以走路的能力,最后能走出来。这才是学习的最本质的东西。”

“真正的学习是培养自己在没有路牌的地方也能走路的能力。”这句话说得是多么精辟而又深刻啊!李教授是一位著名的物理学家,获得过诺贝尔物理学奖。他的话告诉我们,考试成绩并不是衡量学习好坏的标志,而学习好坏的根本区别在于有没有能力。

因此,我们应把学习的重点放到培养学习的各种能力上来,以适应“知识经济、信息时代”对创新能力型人才的需求。

9. 爱因斯坦的“独立思考”——学习应把培养“独立思考”能力放在首位

著名的德国物理学家爱因斯坦,在物理学的许多部门中都有重大贡献,其中最重要的是建立了相对论学说,揭示了空间、时间的辩证关系,加深了人们对物质和运动的认识。无论在科学上,还是在哲学上,都具有重要的历史意义。

这位被人们称为有“超级”智慧的科学家，是如何思考问题的呢？

1922 年，爱因斯坦到美国时，有许多好奇的美国人，向他提出了许多问题：

你可记得声音的速度是多少？

你如何记，才能记下许多东西？

你把所有的东西都记在笔记本上，并且把它随身携带吗？

爱因斯坦回答说：“我从来不带笔记本，我常常使自己的头脑轻松，把全部精力集中到我所要研究的问题上。至于你们问我，声音的速度是多少？现在我很难确切地回答你们，必须查一下辞典才能回答。因为我从来不记在辞典上已经印有的东西，我的记忆力是用来记忆书本上还没有的东西。”

爱因斯坦的回答，使那些美国人感到很惊奇。今天读来，也使我们受到很大启发。爱因斯坦成功的一个重要原因，就是他不但有非凡的独立思考能力，并且非常重视这种能力的培养。他在《论教育》一文中写道：“学校的教育目标应当是培养独立行动和独立思考的人”、“发展独立思考和独立判断的一般能力，应当始终放在首位。”

当代大学生的学习，应侧重培养独立思考的能力。独立思考也应是大学生学习的很重要方法。大学生要养成思考的习惯，要探索“书本上还没有的东西”，当然不是要我们丢开书本知识不学，相反，只有首先掌握书本上已有的东西，才有思考和探索的基础，才能在前人的基础上有所发现、有所前进。

培养独立思考能力，需要我们经常自觉地进行锻炼。碰到问题要想一想，当时可能没有什么大用，但有助于我们养成思考问题的良好习惯。科学上的发现，都是日积月累的结果。对一个平常注意思考问题的人来说，由于有些问题早已想过，这样，他学习起来，搞起研究来，就可以比别人少用时间，而且也有可能比别人看得更远，想得更深、更透，更容易出成果。

10. 伽利略的吊灯——学习应善于“思考”与“探究”

古人云：“不深思则不能造(成就)其学”。爱因斯坦也说过：“学习知识要善于思考，思考，再思考。我就是靠这个学习方法成为科学家的。”在学习过程中，在教材、参考书里，常有许许多多东西值得我们去思考、去探究、去发现的问题，它不仅可以提高我们分析与解决问题的能力，而且也会给自己的学习、生活带来无穷的乐趣。伟大的科学家伽利略发现摆的等时性原理就是一例。

有一天，伽利略去比萨教堂做礼拜。在教堂祈祷时，伽利略却被教堂顶部垂吊的油灯深深地吸引住了。原来，吊灯可能由于有风而来回不停地摆动。他注视良久，发现灯的摆动很有节奏，尽管摆动的幅度不同，可往返的时间却大致一样。这个现象激发了他的思考，从而探究下去。

如何证明他的观察是正确的呢？他想到人的脉搏跳动是均匀的，于是他一面摸脉，一面注视灯的摆动，果然他测试到吊灯的每次摆动的时间完全相同。回到家里。他又继续做试验。他找来两根一样长的绳子，各坠上一块同样重的铅块，并请来教父帮助做实验。测试结果，虽然两条绳子摆动的起点不同，但每次摆动的时间却完全一样，并在同一时间内各自回到垂直线上。就这样，伽利略从一个偶然的生活现象中，经过思考与探索，揭示了自然界的节奏规律。

它告诉我们，在自然界和社会生活中，有很多现象是值得我们去探索其奥秘。如果我们缺少对周围事物的好奇，如果我们对所观察到的周围事物现象不去深入思考和探究，就像我们也看过类似吊灯摆动的现象而无动于衷,那么创造成功的幸福也许就会从我们身边一次又一次地悄悄溜走。

11. 郑板桥的"疑"和"问"——学习要"敢于疑,肯于问"

我国清代扬州八怪之一的郑板桥,有一个有趣的故事。

据说,郑板桥10岁在扬州兴化镇私塾读书时,聪明敏捷,善于思考,勤学好问,老师很喜欢他。一年暮春时节,随老师到野外游玩,不久来到一个石桥上面。郑板桥眼尖,突然发现桥下有一具小女尸体,随喊:"老师,你看,桥下有一个死人"。老师俯身一看,果然有一具青春少女的尸体在水中漂浮,恰被一块大石挡拦,未被冲走。再一详看,那女子上穿粉红衣,下系绿色裙,头上青丝随波动,面容未变,像刚落水不久。看到此,老师痛惜万分,随赋诗一首。诗句是:"二八女多娇,风吹落小桥。三魂随浪转,七魄泛波涛"。板桥听老师吟完,十分恭敬地说道:"老师的诗不对吧?"老师不由一惊。根据平时对板桥的了解,这个学生说话总是有一定道理的。便和颜问道:"哪点不对?"板桥问了老师三个问题:"你如何知道这个少女是十六岁? 又怎知她是被风吹落小桥的? 你怎么看见她三魂七魄随波逐浪翻转的?"问得老师无法回答,老师停了半晌才说:"依你看,该诗如何改呀?"郑板桥想了一下,便改了几个字,诗成了这样:"谁家女多娇,何故落小桥? 青丝随浪转,粉面泛波涛。"这时,老师和同学们都称赞诗改得好。他敢于疑,又肯于问,这确是求学者良好的品质。所以,郑板桥自己也说:"有学而无问,虽读书万卷,只是一条纯汉尔。"

古人云:"为学患无疑,疑则有进"。现代大学生,应该像郑板桥那样,敢于疑、肯于问。我们应该培养自己善于敏锐地提出问题的能力,常常多问几个为什么。这是因为"学起于思,思源于疑"。

12. 苏步青巧用"零头布"——学习要善于充分利用"点滴"时间

我国著名数学家、原复旦大学名誉校长、北师大名誉教授苏步青先生在20世纪80年代已年过八旬,虽身兼数职,但仍抽出时间搞科研与著书立说。他是如何做的呢?

苏教授常在"零头布"上动脑筋。他称道"零头布"说:"别看它零零碎碎的,积沙成塔,时间也可以积少成多嘛!""四人帮"横行时,苏老受到政治迫害,但他并没有丢弃事业。当时,外国同行寄来国外新出版的微分几何新书,他爱不释手,反复诵读,吸取有益的养料,写下了读书笔记。粉碎"四人帮"后,他利用点滴时间,在过去研究成果的基础上,又吸收国外的新成果,编写出讲稿。1978年夏天,苏教授冒着摄氏四十一度高温,到杭州讲学七天,用的就是这个讲稿。回校后,他一边继续整理,一边给研究生上了50个小时的课。《微分几何五讲》就是这样,一章一章地写成并且定稿的。这样,"零头布"在苏教授的手中就变为"整匹布"了。在苏教授担任复旦大学校长期间,出差、开会占去了他很多时间。苏老觉得这当中还是有"零头布"可以挖掘和利用的,如果到外地开会,他每天早晚可以挤出三个钟头的"零头布",用来搞重点项目;在家期间,星期天被作为"星期七",找他的人络绎不绝,一天加起来,能有两个钟头的"零头布"他就感到心满意足了。如果是在市里开会,他也总是尽量捕捉时间。有一次,苏教授到市里开会,上午十时休会,下午三时再换地方开会。他屈指一数:"这当中有五个钟头,坐等吃饭、休息太可惜了。"饭票已买好,苏老还是决定不在外吃饭,回家去干他两个钟头。他的《仿射微分几何》有二十万字,大部分篇幅就是利用"零头布"做成的。在该书自译成英文稿的过程中,苏老更是争分夺秒。他运用数学方法,计算出完稿前的一段时间,每天必须完成几页的译稿任务,然后就坚持不懈地如数去完成。要是今天被会议冲掉,明天一定想办法补上去。以至于每个阶段都超额完成任务,使该书的翻译任务,比原规定的时间提前了二十多天。

巧用“零头市”就得把零碎时间抢来用。怎么用法呢?苏教授说:“如果你到我办公室来,你就会看到我的办公桌上,右边放着公文,左边放着书籍杂志。我批阅完了右边的公文后,就拿起左边的科学书籍看起来。尽管室中的电话声、谈话声很嘈杂,我却不在乎,好像没听见似的。”

苏老善于巧用时间,更善于提高时间的利用率。每天清晨,他起床后做健身操,阅读古诗词,然后收听中央人民广播电台的新闻联播节目。如果上午开会,早饭后的时间就用来阅读文件。晚上睡觉前,他还要记上几笔日记。散步、聊天的时间,有时用来构思诗作。在每周日程排满之后,苏老还能见缝插计,接待记者的来访,朋友的座谈。在他那里,时间已经得到了最充分地利用了。

苏步青教授惜时如金、严谨治学,对我们要立志成才的大学生来说,一定会是有意的启迪。

三、读书的辩证法

古今中外,大凡有点建树的人,几乎都有一些关于读书的经验之谈。这些经验中又常有互相“抵牾”之处,这里不妨略举几例。

杜甫诗云:“读书破万卷,下笔如有神。”郑板桥却道:“读书数万物,胸中无适是。”你看,究竟书读的多好呢,还是读的少好呢?

朱熹强调“熟读精思”。孔子也说“学而不思则罔。”陶渊明却以“好读书,不求甚解”自得;《三国志》上诸葛亮读书也只是“观大略”,培根也认为“有些书可以吞下去”。你看,到底是精读好呢,还是略的好呢?

黄山谷说:“泛书百余,不如精一也。”戴震也认为:“学贵精不贵博。”而鲁迅却多次教诲青年“大可以看看本分以外的书”,戴不凡也主张“要博,什么书都可以看看翻翻”,“即使知道一下作者、书名、出版年月,积而多时,有时也会有用处的”。你看,到底是应当求专,还是求博呢?诸如此类的“抵牾”还有很多,在这里我们就不一一详列。

其实上述“抵牾”,恰恰是对立统一的辩证法在读书论中反映,在读书中,细细品味这些既对立又统一的论述,处理好上述三对矛盾,对于提高我们的阅读水平和效率是很有益处的。

“多”与“少”主要是关涉阅读量的问题。不能一般的无条件的谈“多”与“少”。读书的量应以“有得”为定夺的标绳。要达到“下笔如有神”的境界,当然要以相当多的阅读量为前提;一味“多”而无得,非但不能下笔,反倒要“无所适从”。初学者宜“少读”有得为宜,阅读量要“循序渐进”,循着由浅而深,由易而难,由低到高,有简而繁,由近而远的序列不断扩大。特别是要防止“急性病”;或者企图一口气“读尽天下书”,或者一头扎入深水企图去捉“蛟龙”。“欲速则不达”这句古训是应当记取的。

“精”与“略”,主要关涉阅读方法问题。做任何事情,都没有一成不变的固定方法,但也都有个大体的“常法”读书的常法基本上有精读与略读两种。但,用起来却是变化多端的。这些变化主要取决于阅读目的、读物性质以及读书人本身的水平。比如:对专业基础、基本理论，应当精读；而出于扩展知识面的需要，读本专业临近的书则可以粗略浏览。初次阅读的书，要对它进行初步鉴定，然后决定读不读，则可以大略翻一翻，得其梗概即可；而一经决定要深入研究某部著作（或者要吸收其某种成果，或者要评价作者某些观点），那就要逆流探源，细心探究。对于同一篇文章，此次阅读是为了搞清文章的基本观点，论证逻辑，则不妨循着文章的脉络，以义求之；此次阅读是为了领略文章含蓄蕴藉的情境，论断臧否的分寸，那就要静气按节，反复涵泳体味。总之，精读与略读要相机而变。

"专"与"博"，主要是关涉阅读面的问题。做学问，既要有"博"的知识背景，又要在某一方面有很"专"的探究。二者都不可舍弃。"没有广阔坚实的基础，很难学的专，学的深。"（王亚楠）因此，"打基础的书要读的熟，读的专；基础外的书要读的多，读的广，"（吴晗）。"博"是"专"的前提条件，"专"是"博"的自然发展。因此，可以"先行泛览，然后抉择而入于自己所爱的较专的一门或几门"（鲁迅）。这对矛盾的关系较上两对矛盾更为微妙。特别要注意的是："强调博而决不能流于杂，强调专而决不能偏于窄，杂则不易有成，则难望成功（郭绍虞）。"

除了上述三对矛盾外，阅读中还会遇到"读好书"和"读坏书"，注重"知"与注重"行"，"入书"与"出书"，"熟读"与"冷读"，"死读"与"活读"等许多矛盾，只要我们运用对立统一规律这一基本法则，一以贯之，也都是可以处理好的。

四、影响阅读速度的几个问题

阅读速度慢是限制我们知识面的一个弱点，为什么读得慢呢？在美国心理学家古德-佛罗伊看来，主要有以下几个因素：

（1）阅读停顿的次数过多，停顿的时间长。据心理测验，阅读快的人每5～8行才停顿一次。每次停顿时间为0.3～0.5秒。

（2）倒看。有些读者因为阅读留下的印象浅，不得不倒回来看，有经验的读者，眼光是很清楚地集中在哪些关键词句上。

（3）念词阅读。阅读时眼睛往前看而口也在无声地念，限制了阅读的速度。

（4）缺乏强制性的速度锻炼：会读书的人往往是抓紧一切业余时间，以尽快地把书看完，他的阅读速度就是在这一过程中提高的。

（5）不善于运用跳读。在阅读时有一种不能忽略一切的感情——在心理学上叫做"完全态度"，这自然影响速度。

（6）注意力不集中。注意力不集中是学习的大敌，也是影响阅读最主要的"敌人"。

（7）情绪的两极分化。过于忧伤或者过于高兴都不利于阅读，应该在稳定的，舒畅的，随便的精神状态下阅读。

（8）阅读时间的选择不当。睡眠后不宜接着阅读。因为这时大脑皮质尚处于抑制状态，还未兴奋起来，建立联系。诸如这样违背生理规律，在与"生物钟"违时的状况下读书，速度也不会快。

五、要学会克服学习的障碍

在学习上往往有这样一种现象，当学习一门功课或是钻研某一专题时，学习到一定阶段或一定时间,发生了学习停滞现象,学习深入不下去,进步不大,甚至出现滑坡,有人称之为学习的“高原现象”,必须加以克服,才能继续前进。究其原因,有以下几种。

(1) 心理障碍。要从认知、注意、记忆、兴趣等心理过程各方面加以分析。

(2) 方法障碍。学习方法不对头,应该改变方法。

(3) 知识障碍。是由于缺乏基础知识或是相关知识,因而难以理解,故深入不下去。

(4) 思维障碍。一般是单向思维多,多向思维少,微观思维多,宏观思维少。正向思维多,逆向思维少,或由于思维定势等障碍所引起的,应尽力加以改变。

(5) 生理障碍。或用脑过度,或思维不易集中。

(6) 动力障碍。缺乏意志、毅力或是学习动机的问题,加以分析,以对症下药。

如果不克服学习动力障碍,实在是太可惜了。

第四节　科学地利用时间,做时间的主人

一、要珍惜时间

高尔基曾说过:“世界上最快而又最慢,最长而又最短,最平凡而又最珍贵,最容易被忽视而最令人后悔的就是时间。”人生在世,不仅拥有一块空间,而且享受时间的馈赠。想读书,有学习时间;想看电影,有娱乐时间;想吃饭,有就餐时间……离开时间,人什么事也干不成。

人们对时间再熟悉不过了。可是,口袋里有钱的人,不一定懂得货币理论;在时间中过日子的人,不一定知道时间的特性。那么时间有什么特性呢?

一是时间的均等性。时间对每个人都是平等的,公正无私的。每个人,每天都是 24 小时,无论是大人还是小孩,无论是穷人还是富人,无论是职位高的人还是职位低的人,既不会多一分,也不会少一分。金钱可以使鬼神下跪,却买不来它的一分一秒;权势可以使是非颠倒,却不能遏制他的向前。

二是时间的流逝性。时间像日夜奔腾的长江黄河向东流淌,一去不复返。从古至今,没有一种开关能关住时间,没有一种仓库能储存时间。

三是时间的不可复性。俗话说:“机不可失,时不再来”。时间不但储存不了,而且稍纵即逝,不可复返。古罗马哲学家塞纳卡告诫说,时间“是唯一再怎么想也收不回的东西”。“开弓没有回头箭”,时间也是如此。时间不能复返,唯一能够利用的是眼前的时间。昨天已经过去,明天还未到来,必须抓住今天。

我们了解了时间的上述特性以后,就应该更好的珍惜时间,抓紧时间。古今中外,一切事业上有成就的人,总是比一般人要珍惜时间。所谓“勤奋”,从一定意义上说,就是能够做到“时不空过”。青春是壮丽的,青春是美好的,大学时代更是青春的黄金时期。然而青春也是短暂的,大学时代尤其短暂。所以珍惜青春的人,也必然珍惜时间,珍惜大学这一美好年华。因为他们知道:时间是青春的要素,青春是时间的积累,所以陶渊明作诗勉励年轻人“盛年不重来,一日难再晨。及时当勉励,岁月不待人。”高尔基也说:“勤劳者能叫时间留下串串的果实,懒惰者时间留给他们一头白发,两手空空。”

二、科学地利用时间

1. 要有计划

科学利用时间的第一要义。“凡事预则立,不预则废。”预就是实现要有计划性。有了合理的计划,就可以更好地督促自己,自觉地调整学习进度,主动地控制时间,有效地支配时间。有了合理的计划,学习就能够按照一定的程序,有条不紊的,事半功倍,在有效的时间内投入最积极的学习劳动,并取得最好的学习效果。

2. 制订学习计划

首先要根据学习任务和自己的情况,如学习基础、学习方法、身体条件等,确定“战略计划”,要明确自己的任务、要求和特点,从而确定自己的学习目标及达到这个目标的主要措施。学习目标要订得适当,不能过低,也不能过高,经过自己努力能够达到方为适当。因此,制订计划时要留有余地。

其次,学习计划要突出重点,照顾全面。所谓重点,就是影响自己学习过程的主要矛盾。如在许多功课当中,某门功课十分吃力,占去学习时间多,影响其他功课,就应该在计划中重点予以解决;在各个学习环节中,如听课效率不高,不能当堂理解,就要有计划地提高课堂效率,如此等等。

3. 要有长计划、短安排

善于学习的人,一天有一天的安排,一周有一周的计划,一月有一月的打算,一学期有一学期的总计划。这样,在学习过程中就能全面照顾、均衡发展,不致顾此失彼,留下空白。

(1) 把握高效时间。高效时间就是一天中思维能力、活动能力最旺盛的时间,一天 24 小时内,不同的时间里,人的智力状态和精神状态是不同的,就像大海的潮水一样,有高潮有低潮,而且每天出现高低潮的时间是规律的。因此,每个同学应该抓住高效时间去完成最重要的学习任务。但是,个人情况不同,高效时间也不尽一样。有的人早晨头脑最清醒,读书、背课外单词最容易记住;有的人则是习惯于晚上思考问题。所以,个人应该把握自己的高效时间,并充分利用,在有效的时间内,取得最好的学习效果。

(2) 充分利用一切可以利用的时间。把“零星时间”拼接起来,使其发挥效应,是科学利用时间的一项基本功。雷巴科夫有句名言:用“分”来计算时间的人,比用“时”来计算时间的人,时间多59倍。零星时间虽短,但只要抓住它,一段一段地接起来,就能由短变长。可见,零星时间不再是多余的,而是整个时间链条的重要环节。这就是有成就者时间比一般人更多一些的奥秘。达尔文说过:“我从来不认为半小时是微不足道的一段的时间”爱因斯坦的狭义相对论,就是在伯尔尼专利局当小职员的时候,利用在办公室的一切短暂时间,用小纸片计算、画图、推演公式而做出来的。这是值得每个大学生效仿、学习的。

(3) 时间的统计与审核。即在每天晚上睡觉前,一周的周末,或一个学习阶段后,应该对每天、每周、每阶段学习计划地完成情况认真地进行一番检查,有些计划完成得好,有些计划完成得差,有些什么经验,有些什么不足,找出原因加以改进。如属于主观努力不够,则提醒自己,提高学习的主动性;如因计划定的不妥,则应及时加以调整,避免完不成计划,陷于被动,从而影响学习情绪,降低学习效果,甚至形成一步被动,步步被动,造成“恶性循环”的后果。这是值得警告的。

对时间及时进行统计和审核，目的就是对科学利用时间的有效监督，对完成学习计划起到保证作用，经常进行时间的统计，时间就是你的。

第五节　提升学习的五种心态

学习一词，从广义上讲是指阅读、听讲、研究、实践中获得知识和技能。从狭义上讲，学，就是把学习的内容弄懂、弄明白；习，就是把所学的知识用于实践。

学习的方式各种各样，人们各自的学习方法也不尽相同。笔者认为学习主要有五种心态。

1. 学习需要有恒心

有持久不变的意志。古人说："十年磨一剑"。持之以恒，水滴石穿。做好一门学问，必须坚持脚踏实地，循序渐进地打开一个又一个的迷宫，做到熟能生巧，精益求精，才能达到一定的高度。伊索寓言龟兔赛跑的故事，其实质就是一场耐力比赛，证明谁能坚持到底，谁就获得冠军。

2. 学习需要倾心

倾心就是全身心地投入其中，不可旁骛。事实证明，只要在学习中投入极大的热情和爱心，才难达到精诚所至，金石为开。自然界最崇高的莫过于太阳，他倾尽自己的热力点燃万物。学习也是生命的一种燃烧，人生因燃烧而壮丽。

3. 学习需要悟心

悟心就是指对万物的分析和理解。学习中要注意准确体会和感悟所学内容的概念和意义。智慧的结晶需要动脑深入思考，才能领会其中的真、善、美。

4. 学习需要细心

学习中要注意对所学知识的符号、文字、概念、公式等进行细细地咀嚼，慢慢地体会。切记走马观花，一目十行。宋代大文学家朱熹曾说过："学习要循序渐进，熟读精思。"

5. 学习需要静心

学习就是要有宁静和快乐的心态。学习时排除一切烦恼和杂念，安定自己的内心。用心去发现和探究，才难达到事半功倍的效果。

总之，在激烈的社会竞争中，要注意改进学习方法，调整学习心态，增强意识，使自己的素质得到升华，从这种意义上讲，学习力是当代社会的核心竞争力。

第五章　医学生通识课程的理念

在20世纪,医学在技术上、科学建构上大大地向前迈了一大步,相形之下,人文、道德建设是相对滞后的。医学科学与技术需要在更广阔的知识、理性、良知的土壤上修建自己的大厦。医学走向多元化关怀是不言自明的大趋势,通识教育越来越受到教育者的关注。通识教育有着丰富的内涵,我国高等教育的改革要求学生在进入专业学习之前学习通识教育基础课程,目的是在本科阶段培养学生掌握宽厚的知识基础,为专业学习提供帮助。同时,拓展学生的视野,为学生打下深厚的人文底蕴,提高学生的综合素质。

第一节　通识教育的理念和意义

一、通识教育的理念

通识教育的理论渊源可以追溯到古希腊的自由教育(liberal education)。亚里士多德最早提出自由教育的思想,他认为自由教育既不立足于实用,也不立足于需要,而是为了心灵的自由,通过发展理性、提升智慧及道德水平,实现人的身心和谐发展。

最早明确提出通识教育概念的是美国帕卡德(AS Packard)教授,他指出,美国大学为学生提供的"通识教育",包括古典学、文学和科学方面的有关课程的内容,它是学生进行任何专业学习的准备。在我国,最早提倡通识教育的是清华大学原校长梅贻琦,他在《大学一解》一文中写到:"通识,一般生活之准备也;专识,特种事业之准备也。通识之用,不止润身而已,亦所以自通于人也。信如此论,则通识为本,而专识为末。偏重专科之弊,既在所必革,而并重之说又窒碍难行,则通重于专之原则尚矣。"明确提出了培养"通识"人才的目标。

通识教育的实质是对自由与人文传统的继承;通识教育的主要目的之一就是培养学生积极参与社会生活的社会责任感,强调通识教育是关注人的生活、道德和理智的和谐发展的教育;就内容而言,通识教育要给学生所有学科准确的、一般性的知识,通识教育是关于人的生活的各个领域的知识和技能的教育,所涉及的范围非常之广。

通识教育是一种教育思想,有着丰富的内涵。对于大学教育来说,它应该给学生全面的教育和训练,教育的内容既包括专业教育,也包括非专业教育。亚瑟·莱文曾提出:"通识教育是指大学本科课程中全校共同性的、内容有一定宽度的部分。它通常包括对若干学科领域有关课程的学习,试图为一所学校中的全体学生提供一种应当共有的本科训练。"本书中的通识教育指大学生均应接受的有关共同内容的教育。

二、医学通识教育的意义

在大学教育中,通识教育扮演着重要的角色,它旨在开阔学生的视野,突破专业教育的狭隘性,培养融会贯通、见识广博的人才。当然,通识教育并不仅仅是着眼于知识的广博性。

近年来,通识教育肩负起越来越多本科教育的重任,如培养学生的道德推理能力,增强学生的外语水平等。教育者和被教育者都无法逃离这样一个问题的拷问:社会需要的究竟是专才还是通才?十个百分之十和一个百分之百,究竟哪一个在社会上更受欢迎?

在学生得出答案之前,很多大学已经为学生做出了选择。继上海交大、深圳大学等少数高校率先开始实行通才教育以来,通才教育正在越来越多的高校找到知音,只按院系不按专业招生的做法变得越来越普及。甚至有很多学校将自己的优势学科强加给完全不相关专业的学生,譬如铁道学院让外语系的学铁路交通,地质大学让法学院的学地质构造。现代科学技术发展迅猛,出现许多相互交叉、渗透的边缘学科,医学领域亦呈现出鲜明的特色,人类健康所面临的许多无法回避的问题需要运用自然科学和社会科学知识综合加以解决,医学模式正由生物医学模式向生物-心理-社会综合模式转变,治疗则由以治疗为主的模式向医疗-保健-预防-康复等复合型模式转变。在新的医学模式下,需要医学工作者具有较强的社会洞察力、综合分析能力、适应能力以及创新能力等。现代社会期望21世纪的医师不仅会看病,还要成为"交流专家",有判断力的思想家,积极的终生学习者。为此,医学生在学习过程中,要把人文精神和科学精神结合起来,把个性培养和社会责任结合起来。

1. 通识教育有助于培养医学生的高尚人格

通识教育的目的,在于培养学生的品格、能力、智慧境界和思考方式。通识教育是人格培养中非常重要的一环,其中的文学、历史、哲学、艺术等课程,均可促进人格的陶冶、理性的培养、精神生活的提升。医疗工作的特点在于它的工作对象是人,是生命,涉及对生命意义的思考和对生命价值的判断,所以对医学生的人格培养非常重要。

2. 通识教育有助于构筑医学生的人文底蕴

通识教育能培养学生的使命感,增强对事业、家庭、社会和国家的责任意识;让学生在审美和道德上有鲜明的辨别能力;提高学生的想象能力和创造能力;增强学生对生活的感悟力,让他们热爱生活,热爱生命。医疗工作者应该养成尊重患者、尊重生命的严肃态度,这些都可以通过通识教育加以培养。

3. 通识教育有助于引导医学生完善自我

通识教育蕴含着人类优秀的人文知识成果、价值观念、审美情趣和思维方式,能提升个人的品格、气质和修养。对医学生进行通识教育目的是培养起做人应具备的基本品质和基本态度,是相对于自然科学知识的掌握和运用而言的一种对人文社会科学知识掌握和运用的素质和修养。通识教育中的文学、史学、伦理学、哲学、艺术等人文社会科学领域的课程,可以帮助学生学会处世立身、待人接物的道理。学会观察社会、分析和理解社会的方法,心理学、行为科学等课程可以帮助医学生了解自我,实现自我,完善自我。

4. 通识教育有助于为医学学习奠定扎实的自然科学基础

医学的发展离不开自然科学的发展,通识教育中的物理、数学、化学等学科,可以引导医学生进一步认识科学,锻炼逻辑思维能力,掌握一定的分析问题和解决问题的方法,为今后医学课程的学习奠定基础。

第二节　通识课程与学习方法

一、通识教育课程

为了加强通识教育，构建学生合理的知识结构，我国医学院校开设了一系列通识课程医学生通识教育课程大致可以分为三类。

(1) 公共类课程：包括大学英语、政治理论课（毛泽东思想概论、邓小平理论和“三个代表”重要思想概论、马克思主义哲学原理、马克思主义政治经济学原理、思想品德修养与法律基础）、计算机概论、大学语文等。

(2) 职业与人文素养类课程：包括必修课、限选课和任选课。必修课包括法学概论、中国近代史纲要、普通心理学、伦理学概论、医学伦理学、医患沟通技巧、医学心理学等；限选课包括医学史、卫生法学、医学社会学、医学人文综合课、临床心理学、自然辩证法、医学导论等；任选课中，同学们可以在学校开设的选修课中选择自己感兴趣的或与将来研究方向有关的课程。

(3) 自然科学类课程：包括高等数学、物理学、普通物理学实验、无机及分析化学、有机化学、无机及分析化学实验、有机化学实验、物理化学、物理化学实验等。

二、医学生通识课程的特点

医学生的通识课程，尽管不少学科与初高中的课程有很大的联系，是延伸、深化中学阶段的学习内容，但大学所开设的这些课程，与中学相比，仍然存在本质的不同。大学中的通识课程，无论学习目标、学习内容、学习要求和教师教学方法，与高中都存在着显著的不同。

1. 课程内容繁多

大学学习内容的一个特点是多。学习内容多不仅表现为课程门类多，而且还表现为每门课程的内容很多。与高中相比，学习内容不是多两三倍，而是几十倍。大学的教科书不仅厚了很多，而且都是特别重要的知识点，此外，还有众多的参考书、习题集等。

学生感言1　来大学最让我惊愕的是高中一笔带过的一个小知识点，竟然可以丰富到写满一本“砖头厚”的书！图书馆那些重量级的书籍往往令我不寒而栗，人类记忆细胞的增殖速度早已赶不上知识爆炸的速度了！同时高中只有数理化语文英语政治这些学科，到了大学仅化学一门就分出了有机、无机、分析、物化等，而且内容也是成倍地增长。大学四年需要学习的课程在40门以上，每一个学期学习的课程都不相同，内容多，学习任务远比中学重得多。实在没有喘息的机会。

2. 课程难度大

大学学习的知识比较抽象，而且涉及很多学科的前沿，已经深入到研究对象的本质，很多问题是未知的，很多理论尚存在争议，而且距离现实生活比较远，完全超越了大脑的想象能力，所以会让学生难以理解。感觉知识比较灵活、复杂、深奥。

学生感言2　高中学习的大多是大家公认的定理或事实，强调的是对公式的记忆、理解和运用。而在大学里知识的难度和深度跳跃式地加大。在大学里，我开始上课听不懂课了，上课也不知道老师在说什么，下了课也不知道看什么，也不会问问题，不知道自己哪儿不懂，好像是哪儿都不懂，而我又不知道到底是怎么回事，特郁闷，特自卑，非常痛苦。我记得特别清楚，第一次上高等数学，是两节课连着上，老师在黑板上不停地写板书，推理，可我根本就没有听明白，起初还能集中注意力，尽管听不懂，但老师的话还都能听清楚，到了后来，注意力也无法集中了，只知道老师在前面说话，但具体说什么，就不知道了，直打瞌睡，想振作精神，可怎么也赶不走瞌睡虫。连续几次高数课都是如此，自己觉得特别难受，接受不了，痛苦得很。

3. 课程教学容量大，讲课速度快

大学中，一门课程的内容相当多。课程内容繁多导致了教学速度很快，要在一个学期的时间内把一门学科的内容介绍给学生，有时一节课需要讲2到3章的内容。大学老师讲课以介绍知识的脉络和分析问题的思路为主，需要同学们的课堂参与程度高，需要同学们紧跟教师的思路，有时还需要同学们分组或个人做课堂报告。大学老师会给学生布置许多参考书目和参考文献，布置许多课外阅读内容，大量的课程内容需要同学们课后自学。

学生感言3　现在很多老师都是用多媒体讲课，很少使用板书，也不用学生记笔记，讲课速度很快，有时还没来得及反应，他已经讲过去了。前面的东西还有搞清楚是什么，下面的内容接着又来了。

高中的时候，重点知识老师都会反复强调，而且阶段性测试也能很好地刺激同学们及时复习。所以知识点的记忆都十分深刻。大学教师讲课一是介绍思路多，详细讲解少。主要讲授重点、难点内容；二是抽象理论多，直观内容少；三是课堂讨论多，课外答疑少；四是参考书目多，课外习题少。有的老师一节课连讲两三个章节，听课的同学连翻书的时间都没有。有的科目往往由几个老师讲授，每个老师负责不同的章节，听过的知识点基本就不会再被提起，这对理解与记忆都是非常大的挑战。

4. 练习机会少

大学教师很少布置课后作业，有时像数学、物理、化学等课程会有单元练习。一般情况下，这些练习也是老师布置下来的，并不要求学生完成之后提交。因此学习内容的复习和巩固完全由学生自己安排。大学学习需要学生养成自主学习的习惯，需要学生根据自己的实际情况，制订适合自己的学习计划和学习方案。

学生感言4　大学的学习节奏特别快，内容又特别多；高中时每一节课就讲那么一个知识点，然后就是反复练习，而大学一般是一次上两节课，两节课要讲一、两章甚至三章的内容，老师也不布置那么多题目让你练习。

没有动手做题导致了我的知识掌握不牢固。好多东西老师上课讲过一遍，我自以为听懂了，以为自己会了，但是其实我只是懂了基本原理，还没有能力运用。看了老师的例题和书上的题目，觉得都会做，但考试时轮到自己做题了，才发现不知道从什么地方下手，所以我觉得光看书不做题还是不行的，虽然题海战术不能提倡，但适量地做题对学习还是相当必要的。

三、医学生通识课程的学习方法

大学的学习目标、学习内容和教学方法等与高中存在本质的不同，因此沿袭高中的学习方法是很难适应大学学习的，高中的学习内容相对较少，知识一般都是有定论的，要求学生的是记忆和熟练，因此大量的练习成了高中学习的主要方法，到了大学，知识量成倍地增加，而且有些知识依然处于探索研究的阶段，因此如何尽快找到适合自己的学习方法是大学新生面临的一个非常紧迫的问题。有的同学并没有少花时间，但学习效果就是不理想，这时除了需要自己反思之外，还需要求助于高年级的学长和任课教师的帮助，尽快找到适合自己的行之有效的学习方法。当然学习方法因人而异，不同学科的学习方法也不尽相同，没有一种适合所有人、所有学科的学习方法，因此，需要通过一段时间的摸索，找出适合自己的学习方法。下面介绍通识课程学习应遵循的原则和几种具体的学习方法，也许会对同学们有所启发。

（一）通识课程学习应遵循的原则

1. 明确课程特点和学习要求

每门课程都有其开设的意义和特点，学生需要了解该课程在本专业的地位和作用，明确本专业开设该课程的目的，该课程对学生的学习要求，不仅要理解和掌握课程内容本身，还要求把握该课程对学生在思维方法、能力、个性品质、素质等方面的要求。这些内容一般在每门课程的绪论部分进行介绍，绪论课中，教师还会介绍该课程的特点和学习方法。因此绪论课的学习非常重要。

2. 树立宏观和全局的观念

大学的学习不但要求学生掌握一个个知识点和定论的定理公理等，而且要求学生对该学科领域的发展脉络和知识演变过程有一个总体的把握，甚至是一些尚有争议的知识，也需要了解，在此基础上，还要掌握不同学科知识发展的前沿并预测未来发展的前景。因此，同学们需要具有全局的思维模式，而不能只注意具体知识的学习和掌握，不能仅满足于会饥饿多少道题目，更不能只将眼光局限在细枝末节上。

3. 注重理论与实际的联系

通识类课程的一个重要目的是培养学生正确的思维方式，培养学生分析问题和解决现实问题的能力。因此在学习课程时，同学们一定要养成理论联系实际的思维习惯。在学习理论时，除了明确掌握该理论的内涵之外，还要搞清楚该理论的来龙去脉，了解其产生的历史背景和社会背景，该理论的适应范围以及缺陷和它对我们的现实生活有什么指导作用，如何正确运用该理论去分析现实问题等。

（二）几种学习方法介绍

1. 坚持预习

对于学习，养成预习习惯是十分重要的。预习者是主动者，预习有助于学生从总体上把握老师讲课的主要内容，有助于发现所要学习课程的难点，从而针对性地集中注意力听讲。

预习的直接目的是为了能在听课中提高效率，因此，预习必须做到找出重点与难点，有的同学认为预习只是把内容看一遍，这是一种肤浅的认识，没有思考的浏览是一种无效的劳动,为了理解知识点,必须坚持理论联系实际,展开丰富的联想,回顾一下已学的知识,把新旧知识联系起来,同时,注意新知识与现实内容的联系。在预习过程中,必定会有难理解的地方,这是要动笔记上记号,以便听课时,集中精力化解难点。

学生感言5　就学习方法而言,我觉得大学的预习非常重要。高中老师讲课非常细致,不预习也能跟上老师的思路,而大学,老师一节课能讲十几页,甚至几十页的书,在这种情况下,如果不预习,结果可想而知,整节课也就白去了,完全是听了一节课的天书。即使预习时什么都看不懂,但也要浏览一下啊,预习不需要非常的细致,那样也不太现实,因为内容实在是太多了。大学的课时安排得非常紧,所以老师上课不免也要像打仗一样使劲往前冲。我印象最深的一次是上解剖理论课上,老师一口气把书上从第1页到78页的内容全过了一遍——主要讲的是各章绪论部分,于是大家在课堂上手忙脚乱。所以预习就是把要讲的内容浏览一遍,实在看不懂的地方也不要太较真,用笔标出来就可以了。一般这种地方老师都会重点讲的,主要是了解所要学习内容的体系,知道这节课要讲的内容是什么,有哪几大方面,重点有哪些,自己不明白的地方有哪些。每天将明天将学的新知识过一遍,哪怕只是粗略看一遍,效率就能大大提高。

2. 注重课堂笔记

俗话说:"好记性不如烂笔头"。进入大学,很多同学都认为,不需要再记课堂笔记了,其实,这是一种误区。大学课堂笔记是一种很有成效的学习技巧。笔记是一份永恒的记录,可以给日后复习带来很大的方便。做笔记需要充分调动耳、眼、手、脑等器官协同工作,有助于提高课堂学习的效率。当然做课堂笔记需要一定的技巧。大学课堂记笔记,一般是做提纲式的笔记,在理解的基础上,将课程的提纲,重点内容、难点,以及教师补充的内容记录下来即可。

学生感言6　大学的课堂,老师从来不要求做笔记,有时老师会把讲课的课件发给大家,但我觉得这样也不太好,有时觉得来不来听课无所谓,而且不记笔记,特别容易犯困,听着听着就走神了,经常是老师在上面讲,下面很多同学都睡着了。我习惯边听课,边把老师讲课的大纲、一些重点和难点、老师补充的内容以及老师提到的课外阅读参考书和文献记录下来,并用不同颜色的笔和不同的记号把不同的内容进行分类。课后一看笔记就知道老师讲课的重点内容是什么了。

3. 学会利用答疑时间

答疑是任课教师在每周的一个固定时间为学生解答疑难问题。学生在该门课程的学习中有问题,可以在这个时间去问老师。由于学校教室资源的有限,答疑课未必有真正的"课堂",更多时候是教师在课余时间等候同学来提问。对于大学生来说,应该充分利用答疑时间,与教师进行沟通和交流,解答疑难问题。

学生感言7　大学老师在固定的时间答疑,起初我只是因为有疑难问题而去答疑,但是在答疑的过程中,一位老师对我提到"大学学习,尤其是大一上半学期的学习是最重要的!那是为我们打下大学学习的基础!少去参加社团活动,多花点时间用来学习,一辈子不后悔!"这段话经常萦绕在我耳边。此后,我经常和教授零距离接触,聆听智者的声音,感受智者的精髓。

4. 及时复习

大学老师没有对学生提出课后复习的要求。但课后复习对于知识的巩固,对于后续知识的学习仍然是不可或缺的。大学的课程安排与高中不同,一般是两节课或三节课连续上,但每周上课的次数比较少,有的课一周一次,有的课一周两次,因此教师上课结束后要等到下次上课时才会与学生见面,一般不会留太多的课后作业,更不要求第二天交作业,也不会第二天就测验,因此很多同学不注重课后复习。根据记忆和遗忘的规律,不仅要及时复习、还要经常复习,除了对所学的知识点进行复习之外,还需要理清知识的脉络,阅读参考文献和教授推荐的阅读材料,并适当练习。

学生感言8 大学生活特别丰富,基本没有时间预习和复习。由于没有能够及时复习,就不能熟悉地把握已学的知识,缺乏对细节的把握,只知道大概,对学过的知识没有一个整体的概念,不能清楚地知道知识与知识之间的联系。这样知识学得很不扎实,不系统。平时都没有做好总结,漏洞越来越多,到了考试前突击了一个星期,才把已学的知识进行总结,考试不及格也就成必然的事情了。

5. 同学之间的相互学习,合作学习,课堂讨论,相互交流讨论

一位斯坦福大学校长在北京召开的世界大学校长论坛上说过:同学之间的相互学习往往比老师的教导更珍贵。确实,一方面因为大学老师的工作压力特别大,需要处理的事务特别多,他们没有过多的时间跟同学进行交流,而同学们却是朝夕相处,又都是同龄人,类似的成长经历和知识基础,更容易产生共鸣。所以同学们需要养成同学之间相互学习,相互交流讨论的学习习惯。因此,进入大学需要建立一个交流的网络或空间,班级建立公共邮箱或QQ群,建立学院邮箱,以便及时沟通和交流,寻求帮助,分享资料和学习体会。

学生感言9 大学的学习与高中有太多不同之处。老师讲课就像开火车,一节课讲完一章的内容,那是常事。大学要学的知识太多了,不能细抠,况且课时也不够,会影响进度;课下的练习也少了。

一天天过去,我发现自己成绩直线下滑。后来,我渐渐学会了和同学们交流,在课余时间,或者在课上适当的时候,我会尽量地和同学们讨论难点,我们把彼此对其的理解分享,并进一步分析,总结,取每个人正确的理解部分便得到了正确的解法。有时候我们还能总结出一类题的不同解法呢!这样,不但成绩上去了,而且也增加了我们的友谊,形成了一个有机小团队。

6. 充分利用大学的资源

大学之大,就在于其拥有丰厚的资源,其中最重要的就是教师。梅贻琦先生说过:大学者,非大楼之谓也,乃大师之谓也。教师是大学最宝贵的资源,因此进入大学,学生要学会与教师进行沟通和交流。利用课间休息、答疑课和电子邮件等,解答疑难,探讨问题,同时接受优良师德的熏陶,学习良师科学的治学态度和严谨的科研作风。

此外,大学的图书馆也是大学非常重要的资源。大学的学习不限于课堂听课,许多知识是需要学生在课余时间自己获得的。无论是教师的讲课还是教材内容,都只给学生开启了一扇知识之窗,外面的美丽风景是需要同学们自己去探寻的。每个学生在大学都要学会在课余时间,去图书馆查阅相关的文献和资料,认真阅读教师制定的教材之外的阅读材料和参考文献,这些材料有助于学生更精细地了解本节课所涉猎的知识和原理,既巩固了课堂内容,同时又拓展和深化了课堂所学习的内容。

大学里的学习内容比高中要丰富得多,同样多的时间,怎样才能高效率的利用,做更多的事情,让自己有更多的收益,这其实是一门学问:这就要求同学们尽快适应大学学习上的变化,掌握大学学习的特点,尽快摸索出一条适合自己的学习模式,这是每一个大学新生都需要在进校后尽快解决的问题。

学生感言10　说到找资料,最有用的恐怕就是老师的课件和图书馆了。老师的课件就是课本的精华,通常还会配以详细的图解或流程。图书馆是大学里的一大资源,就像是一个宝库。如果你是一个很擅长按类别搜索图书、在网上检索文献的话,那么你将会发现在图书馆,关于学习方面的资料几乎应有尽有。图书馆给我们提供了大量的书籍和电子期刊,要准备考试,这里有各种学习指导和应试指南;要写论文或综述,这里能够提供大量的资料;所以,尽情享用图书馆这个资源吧。

第三节　通识课程学习过程中常见的问题分析

在通识课程学习过程中,同学们因为不了解学习的目的和意义,或者对于大量需要记忆的知识产生抵触情绪,或者由于课程难度的增加,教师教学方式的变化,常会出现一些学习问题,这些问题包括厌学、旷课、考试不及格等。

一、通识课程学习过程中常见的问题

1. 厌学

厌学是指学生对学习所产生的一种否定的内在反应,包括厌学情绪和厌学行为。厌学发生的根本原因是学习动力不足,不能激发学习的意愿和驱动学习的行为。具体表现为,不想上课,懒散懈怠,极端情况会导致对任何事物都缺乏兴趣。厌学的原因有几种:一是目标缺失。进入大学,高中时树立的学习目标达到了,出现暂时的目标真空状态,因此失去了奋斗的动力。二是歇口气的思想,高中时为了考入理想的大学,会努力学习,有时甚至是超负荷地学习,无论在体力上、精神上还是在时间上都达到了自己承受能力的极限。考入大学之后,想先放松一下,结果一旦松懈下来,就可能对学习产生厌恶或抵触情绪。三是对大学学习特点认识的信息失真。部分同学来到大学就以为是进了保险箱,再也不用学习了。四是由于没有进入理想的学校,由于我国的高考制度和招生制度,导致部分同学无法进入自己理想的大学或专业,于是出现失落的情绪,导致厌学。五是上课听不懂。与高中相比,大学的课程无论在数量上还是在深度和难度上都加大了,部分同学出现了听不懂课的现象,久而久之,就会对学习产生厌烦情绪。六是由于觉得学的东西没有用或没有意义而出现厌学,当然也还有其他原因导致的厌学。

2. 考试不及格

导致考试不及格的原因主要包括客观原因和主观原因两方面。客观原因主要是大学学习内容数量和难度的增加。主观原因只要是由非智力方面的因素造成的,如对大学学习重

要性的认识不足,态度不端正,对学习缺乏兴趣,处于一种被动学习状态,没能很好地分配学习和社会活动的时间,导致没有时间预习、复习和做题;或者没有掌握大学学习的方法;还有的则是进入大学之后,失去了目标,产生了懈怠思想,放松了对自己的要求,以致玩电脑游戏上瘾而不能自拔。

3. 旷课

多数情况下是由于课题缺乏吸引力,或者是学生对所学课程的意义认识不足而导致缺乏学习兴趣,也有部分同学是因为课程太难、听不懂就选择了去图书馆或自习室自学,当然还有部分同学是因为作息不规律导致无法起床,或者由于沉溺于网络而选择不上课。也有部分学生认为大学的学习主要靠自学,不用去课堂听课。

二、案例及评析

案例 5-1　　有虑而后有得

我身上具有同时代人的特征——相信童话、爱幻想,却口口声声说是追求梦想。大学神圣的殿堂在我的幻想里是自由自在的生活和各种偶遇,我可以抛开数理化的枯燥,只读那花草般的文学语言。大学有一股巨大的魔力吸引着我,但当我走进大学——大学?怎么就是N座中学建筑物的重叠?没有人告诉我下一站要去哪儿,没有人告诉我要如何去做。我像是掉进了一个自由的迷宫,看见其他所有的“天之骄子”都找到了自己的目标时,便开始焦急和失落了。大学首先告诉我,不要把自己想得太伟大了。好长一段时间之后,我才在思虑中发现在这些面目相似的建筑物之中原来有一栋叫图书馆,有一间叫自修室,有一处叫讨论角,有一景叫氛围。我想去哪一个角落,完全由自己作主。

大学校园里既有因观点相悖争论不休而又惺惺相惜的人一笑而去,也有充满功利心的人与你擦肩而过。大学环境中的任何变幻都是一种锻炼,比如,时间一久,上课的人就越来越少。有人说课太无聊,老师没有水平;有人说要去打工赚钱;还有人说理论知识有什么用,不如去实习。许多人心里的“大学”,是能提前工作赚钱又能混个文凭的,不能完全脱离校园,只是因为必须通过最后一次考试才能毕业。

我开始动摇了,我不知道坚持上课是不是错了?当课堂上最后只剩自己的时候,我会不会成了别人眼中的傻子?课后我找了老师谈,他语重心长地劝慰了我,让我明白“大学之道,在明明德”。大学不是光学知识、经验,还要学会做人。坚守课堂就是坚守信念,对自己、对老师都是一种尊重。

【案例 5-1 评析】 这是由于对课题失望而导致的旷课。出现这种情况一般有两方面的原因,一是受到学长或其他同学的影响,或者直接从课程的名称判断,觉得不喜欢该课程,自己甚至听也没有听过,就产生了厌学情绪,所以建议同学们最好认真地听进去,然后再判断是不是有收获。二是由于专业背景和对知识偏好存在个体差异,善于理科思维的学生对于人文学科的课程比较头疼,需要同学们培养对这些学科的兴趣。凭我们的经验,任何一门课程,只要坚持听进去,一定会有收益的。这种收益或是知识方面的,或是思维方式方面的,切不可用功利主义的标准去衡量一门课程的价值。

案例 5-2 **听不懂课让我很自卑**

我不去上课主要是有的课上了之后太受打击了。有时预习时还比较明白的地方，经老师一讲，反而糊涂了，本来兴致勃勃来听课，但听了之后反而影响自己的心情，觉得很受打击，因为老师越讲你就越糊涂，越来越不自信，很伤自尊，因为不想再次受到打击，所以就不来听课，但我不来听课从来都不是在睡觉或玩游戏，我也会很早起床，不同的是，别的同学去了课堂，而我去了自习室。我觉得自己看书能看得更明白。

【案例 5-2 评析】 这是一个由于听不懂课导致的逃课案例。进入大学由于知识的深度和广度的增加，听不懂课是比较正常的。同学们切不能因为听不懂课就拒绝去课题听课，二是要设法改变学习方法，做到课前预习、课后复习、多做练习，找老师辅导答疑，多跟同学交流，相信坚持努力，问题一定会得到解决的。如果仅仅自学，那该课程的教学目标和对学生的要求，可能就无法预期实现了，最后你也许会通过课程考试，但通过课堂所应当得到的更多知识的机会就这样白白丧失了，那我们就失去了到大学学习的意义。

案例 5-3 **不见伊甸园**

自己并不想读医学专业，但是老师、家长却都觉得不错。考上医科大学后，发现这里并没有想象的那样好，觉得很失望。本来有些争强好胜的自己，突然变得很消沉。高中的时候上课能认真听讲，然后有什么不懂的敢于问老师，学习比较积极。但是上大学后，感觉自己非常懈怠，上课迟到，偶尔还旷课，来了也经常睡觉或闲聊，总之没认真学过。学习成绩理所当然的一塌糊涂，而自己还是不想翻开书本。去了图书馆，借的也是小说、诗集，就这样浑浑噩噩地度过了一个学期，再这样下去实在无法想象。现在的我，什么都不知道……很迷茫。

【案例 5-3 评析】 这是由于没有进入自己理想的大学和专业而导致的厌学案例。诚然，我们的教育制度包括招生制度确实存在一些不尽如人意的地方，对此抱怨和逃避是无济于事的，我们无法立即改变现状，而我们可以改变的是自己。即改变自己对待事物的态度，用积极的心态去对待目前的专业和现状。也许你会有新的发现。

大学教育并非终极教育，尤其是现在知识更新速度加快，大学教育只是提升人的社会能力的一个平台，在大学尽管可以学到一些知识和专业的技能，但更多的是对个人综合素质的培养，当然我们的医学教育具有特殊性，因为它是职业和专业性的教育，将来的目标比较明确，就是要从事医药行业。即便如此，我们依然有再选择的空间。

同学们可以尝试抱着既来之则安之的态度，慢慢培养对专业的兴趣。这其中的关键是要有一颗开放的心态，愿意接受新生事物，切忌产生抵触心理。因此，无论是不是自己心仪的学校或专业都不重要，重要的是用什么样的心态去对待事物，只要你有一个积极的、开放的、探索的心态，一切问题都将迎刃而解。

第六章　医学基础课程学习方法

第一节　医学基础课的分类及其在医学中的地位

一、医学基础课的分类

随着现代科学技术的发展,现代医学的学科已发展成为具有较多分支的体系,其课程门类已由20世纪50年代的大约40多门猛增到100多门类,但总的体系结构不外有以下三大部分:基础医学、应用医学和理论医学。

根据科学技术特别是医学科学技术的发展,为了培养面向21世纪,面向世界、面向现代化的高级医学专门人才,必应加强学生的基本理论、基本知识、基本技能的学习和训练,使他们具有比较宽阔的自然科学知识、比较深厚的基础医学基本理论知识和一定的实验技能。

根据传统的医学学科分类,医学基础课应包含有基础科学和基础医学两大部分。基础科学主要有数学、物理学、化学和生物学等课程。基础医学根据学科特点分为形态学科和机能学科,其中形态学科有人体解剖学、人体组织学、人体胚胎学、医学微生物学、病理解剖学、人体寄生虫学和细胞生物学等。机能学科有人体生理学、生物化学、免疫学、药理学、病理生理学、医学遗传学和分子生物学等课程。

从科学分类的角度看,在高等医学教育的基础阶段开设数学、物理学、化学和生物学等课程,对掌握和发展现代医学,特别是基础医学,非常重要。

此外,近些年来又出现了许多新的基础医学学科,如医学人口学、生物医学工程学、控制病理学、医学心理学和医学伦理学等。但有些学者也把这些学科划归为理论医学。

现代医学体系结构的另一部分为应用医学即包括临床医学和预防医学两大类。

二、基础医学在医学中的地位

医学是一门应用科学,它始终是为防治疾病,增进人民健康,促进生产发展服务的。医学在形成和发展中建立了自己的基础医学理论,其中人体解剖学、生理学、病因学、病理学等就是基础医学理论,这些基础理论为祖国医学的体统完善奠定了基础,现代医学的发展,经历过几百年的过程,随着近代自然科学技术的发展,特别是数学、物理学、化学和生物学的迅猛发展,为基础医学科学的发展创造了良好的条件。

基础医学是医学的基础。医学科学发展的历史充分证明:没有基础医学的发展,临床医学就很难进步。恩格斯说:“没有解剖学就没有医学”。而解剖学不仅是临床医学各科的基础,而且是人体生理学、生物化学、病理解剖等基础医学各科的基础。没有解剖学,外科手术就不能建立在科学的基础上,没有麻醉药、抗生素的发现以及无菌术,就不能使外科手术获得成功;微循环理论揭开了休克的秘密;免疫学研究的新成就提高了对传染病防治的能力。这都充分说明了基础医学理论的发展,对临床医学的建立和发展有着决定性的意义。只有学好医学基础课,掌握各学科知识,才能更好地学习临床医学,才能在临床医疗实践中具有很大的潜力。

第二节　学习医学基础课的特点

医学基础课的门数较多,知识面较宽,内容繁杂且抽象,学生学起来觉得枯燥,而且需要记忆的知识较多,特别是对于医学基础课,掌握一套科学的适应医学学习的方法是很必要的。

一、建立基本观点

在医学基础课中,形态学科是其他各门学科的基础,并有自己的特点。因此,学习生物学、解剖学、组织学与胚胎学以及其他的有关形态学科必须建立和运用以下几个观点。

1. 形态结构与机能统一的观点

人体的各个器官都有其特定的功能,形态结构则是一个器官行使功能活动的物质基础。反之,功能的变化又能影响该器官形态结构的发展。因此,形态结构与功能是不可分割的。在掌握各类形态结构的同时,又要联系它与功能的关系。另一方面,当知道某一器官功能时,又要深入了解它的结构基础,如此才能将知识灵活运用。

2. 局部与整体统一的观点

无论大体标题还是镜下标本所见的形态结构,基本都是整个机能的一个很小的局部。特别是在电子显微镜所获得的图像更是非常局限的。同时,这些局部都显示其平面和表面的结构,而机能的组织、细胞又都是立体的。因此,要掌握和了解真实的立体结构就需要观察各个方面的切片或观察全部的大体标本。但在实际学习过程中又难以做到。这就要求我们在观察时,必须建立整体和主体、局部与整体的观念,把所看到的形态结构进行综合分析,正确理解局部与整体、平面与立体的关系。只有这样才能获得全面准确的资料来提高学习质量。

3. 静止与动态统一的观点

生活的细胞、组织和机体都是在不停地动态变化之中,随着生长和发育,机体的各器官、组织和细胞等的形态、大小、结构和机能也相应发生了一系列变化,如淋巴细胞只有经过进一步的发育成熟,才具有一定的免疫能力。在发育中自然发生形态、大小和结构的变化。同时,细胞、组织和器官在不同功能状态和代谢活动中,其形态结构也随着发生变化,但一般我们所观察的标本大多都是经过固定或切片处理的。因此,所观察到的形态结构只是某一阶段或某一瞬间的静态图像,所以必须把观察到的静态图像与动态变化联系起来才能真实掌握其结构与功能。

4. 理论与实践相联系的观点

基础医学的大部分学科为形态学科。因此,在掌握基本理论的同时,必须十分重视实习课的学习。而对机能学科来说,就更应该注重实验实习。把理论与实践有机地结合起来。如对机能学科,指导实验操作,并提倡学生尽可能亲自动手,发挥创造性,设计和创建一些新的实验。对形态学科来说,在实习过程中,结合理论课的内容,认真观察标本、图像、图表,并进行比较和综合分析，不断提高对各种结构的识别能力及基本实验技能，从而加深对基本理论知识的理解，以便利用这些知识解决一些问题。

5. 正常与病理相联系的观点

生物医学的知识大体由两部分组成。即人体正常的结构和机能，人体疾病状态下的结构与机能。无论形态学科还是机能学科都是从上述两个方面进行研究和阐述。因而医学生在学习过程中首先应掌握正常的形态结构与机能，在此基础上继续学习和掌握病理状态下的结构与机能，同时要掌握发生疾病的机理。如要掌握肿瘤组织的结构特点及分类，就必须先掌握机体正常的组织机构、细胞的形态结构等。

二、树立现代医学学习观点

我国古代对于学习和学习方法已经有过许多精辟的论述，鼓励人们只有通过不断地学习，才能开发人的智力，使之获得更多的智慧，增长才能。

我们要借鉴古人的治学思想、治学手段，鞭策和指导我们的学习，同时要依据时代的发展和科技的进步树立现代的科学学习观。对医学生来说，则要树立现代医学学习观。

1. 树立科学学习观

所谓科学学习观，就是遵循科学性的学习观点指导学习。学习者只有具备了科学的指导思想，同时掌握了相应的科学方法和科学手段，才能顺利地把握学习过程。要获得好的学习效果，必须勤学、好学、善学、会学。既要用高效率的学习方法、快捷省时的学习手段，又要运用现代的学习工具等。在学习方法上注意输入和输出之间的关系，只有全面地把握学习活动中信息的输入和输出的全过程，运用两方面的各种技能技巧，才能使学习上升到科学的高度。由于知识的信息量剧增，新兴学科的不断形成，因此，学习活动也必须加快节奏，提高学习效率。

2. 树立自主学习观

自主学习观是学生在教师指导下进行自我创见的学习。一是强调学生学习的自主性和独立性，二是强调学习的主动性、创见性，三是强调学生的学习与教师的传授和指导相结合。但医学生进行自主学习时应掌握好几个关键环节。首先，要确立好自己的学习目标。无论是近期目标还是远期目标，都要充分考虑社会需要、客观条件、兴趣优势和个体机制四个要素，同时又要注意时间、空间、自身生理、心理机制等要素。其次是明确了目标后，要选择最佳的学习模式，以便更好地完成目标所规定的任务。再次是进行自我控制和收集反馈信息，学习过程中随时都要对自己的学习进行反馈评价，找到偏离目标、失误和欠佳的地方，在此基础上进行必要的调整，以保证自主学习能高效率地进行。

3. 树立全方位学习观

所谓全方位学习观是指在学习活动中，利用多层面、多向度的空间要素，帮助自己获得更多的知识信息，建立全方位学习观应注意以下几点：第一，不但从教师和书本上间接获得知识，还应通过参加实践（如实验、实习课）直接获得知识。这里首要的绝大部分是来自于课堂教学所获得的，对医学生来说这是获取知识的主要来源。但医学科学的具体实证性非常强烈。因此，通过医疗实践可获得更直接的知识。第二，不但重视正规学习，而且要注意偶然学习。作为一个医学生，首要的是要抓紧正规的有目的按计划、按系统地学习，并以此获得系统的专业知识，但也不应放弃偶然的学习计划。有时通过偶然的学习可以揭示科学中某些难题，或可以获得意想不到的启迪。电的发明、青霉素的发现以及灭菌法的诞生等都带有偶然的因素。第三，不仅立足于在校学习，还要向社会学习。这就是说强调在校学习知识的同时，不应忽视社会这个空间所含有的更丰富的内容，从某种意义上说，书本知识往往落后于社会生活。特别是随着时代的前进、科技的发展、新知识领域的拓展，书本知识更显得不能穷尽于这一切。这就要求我们既要好好学习书本知识，又要投身于社会生活而掌握更丰富的知识、更多更大的技能和本领。

三、基础医学的学习方法

1. 认真读书、提高记忆能力

除了课堂讲授以外，认真读书是适应学习医学基础课的重要方法。医学基础课的大多数学科具有半文半理的特点，有许多内容属于纯记忆性的，因此，深入细致地反复读书显得格外重要。如学习组织胚胎学的内分泌系统，要想牢记某个器官或某些细胞能够分泌何种激素以及这些激素的生理作用，除了教师在课堂利用挂图或幻灯片讲解以外，更重要的是课后反复读书。有人说重复就是记忆，只有反复读书才能加深对内容的理解，才能提高在理解基础上的记忆。

强调反复读书、深入细致地读书，是从基础医学各学科具有相互联系的这一特点提出来的。如学习病理的急性渗出型肾小球肾炎，其病理改变为肾小球毛细血管纤维样变性、坏死、出血，大量红细胞进入肾球囊及肾小管腔，而引起血尿，这必然要联系到前面所学的正常的肾小球和肾小管的组织结构，通过反复的理论学习和实物标本的对比就不难掌握该病的病理变化。再如药理学中的内容往往要联系到医学微生物中的知识，不了解革兰阴性菌和革兰阳性菌的细胞壁的结构有什么不同，就难以理解某种抗生素只对某种细菌有效，而对另一种细菌无效。

已经知道反复读书是获得扎实理论知识的重要途径，但还应注意读书时要抓住重点，对大纲中所要求重点掌握的内容更应熟记。书读的次数多了，就会感到书变薄了；事实上，内容也就掌握了，这样才能获得该书的精髓。

2. 加强实践、促进理论联系实际

医学是实践科学，要掌握医学理论和医疗技术必须注重科学实验和临床实践。实践教学已成为医科类特别是高等医学教育的重要组成部分。据统计，目前医学院校中的实验、实习课已占教学总时数的1/2左右，尤其是形态学科如人体解剖学、组织学与胚胎学、病理学等，实验、实习明显多于理论课。这足以说明实践教学在医学教育中占有多么重要的地位。

在医学基础课学习过程中，学生获得的知识绝大部分是前人总结出来的经典的理论，这些理论已经通过无数次的实验予以验证。但为了培养和提高学生的动手能力、思维能力以及初步的科学研究能力，还应保留某些传统的实验让学生亲自去做，一方面通过验证理论来强化他们的基本理论，达到理论联系实际，另一方面通过这些实验使学生掌握实验手段和技能。如机能学科生理学的实验教学，首先是训练学生常用仪器的使用，实验现象的观察和描述能力；其次是训练学生对实验结果的处理、分析和总结能力；再次是通过试验设计来开发学生的创造力，以培养学生对实验全部知识技能的综合使用能力。因此，学生在学习过程中要特别注意上好实验、实习课，在教师指导下，认真观察标本、严格操作，以获得准确的实验结果。

随着传统的生物医学模式向生物-心理-社会医学模式的转变以及教育改革，学生参与社会实践也不容忽视，这是医学生了解社会、服务于社会的重要途径。为了深入贯彻我国"预防为主，依靠科技进步，动员全社会参与，中西医并重，为人民健康服务"的卫生工作方针和世界卫生组织提出的"2000 年人人享有卫生保健"的规划和要求，加强临床医学专业的预防医学社会实践已成为医学教育的不可缺少的一部分。通过社会实践使学生进一步了解国情，了解我国的医药卫生状况，了解社会、了解人群、了解影响人类健康的社会、心理诸因素。此外，通过某些专题调查巩固已经学到的知识，真正达到理论联系实际的目的。

3. 坚持"三基"、"三严"要求

除了强调反复读书和注重实际以外，基础医学阶段的教学还要求做到"三基"、"三严"。"三基"，即要求学生要掌握基本理论、基本知识和基本技能。"三严"，即严肃学习、严格要求、严格作风。学习医学基础课，首先要把握基本理论、基本知识、基本技能，学习过程中不仅要注意理论联系实际，还要注意相关学科的联系。如学习组胚要联系生理和病理，学习生理要联系病理生理，学习药理要联系微生物和寄生虫等。总之，要把机能和形态、正常与异常、生理与病理有机联系在一起，通过联系加深印象，启发思维。其次要注意掌握医学基本知识的关键内容，如学习组织胚胎学，重点要掌握构成人体的四大基本组织，任何器官都是由四大基本组织构成，只是排列层次不同。所含成分多少不同以及各个器官有其独特的细胞成分和功能而已。所谓共性存在于个性之中就是这个道理。再如学习病理学，各个器官虽然在结构和功能上互不相同，但在各种致病因子的影响下，不同器官却可呈现同样的基本反应和结构改变。对于炎症疾患，都有细胞、组织损伤，局部血液循环障碍，炎性渗出和细胞、组织增生等共同的炎症基本改变。至于各个器官的病变根据器官不同、损伤程度不同而在病理表现上略有差别罢了。最后，要求学生通过严格的学习和训练掌握基本技能，要上好每次实验课、实习课，积极主动、认真操作。严格要求自己，虚心向老师学习，养成良好、严密的科学作风和实事求是的态度，从一点一滴做起，打下坚实的基础。

案例 6-1　　一位大四学生的学习心得

(1) 功夫下在平时，不要搞考前突击。尤其是基础课，对于一个在医学知识方面完全空白的低年级学生来说，这点尤其重要！上课把老师花大部分时间讲的内容认真做笔记，课后尽量看一遍，可以加深印象！因为好多科目老师到期末不会点重点(至少我们学校是这样的)，所以平时的笔记是很重要的！如果你平时很努力的话，考前看看笔记一般就可以通过了！

(2) 医学考试关键不是要把所有的文字印在脑海里，而是要理解、融会贯通，形象思维也是很重要的，尤其对于解剖学和组织学、病理学、生理学、病理生理学来说，盲目的背书只会增加自己的负担！

(3) 介绍一下本人做笔记的方法：我一般是把笔记记在书上，如果老师讲的东西可以在书上找到的话，直接划下来就可以了；如果书上没有的内容，这很可能就是老师根据多年的经验总结出来的，即使不是考试的重点，也很可能是对我们很受用的，所以要引起足够重视！顺便说下，我记笔记都是用红笔记的，如果复习时或预习时有什么总结的话，一般用蓝笔，便于区分。也可以将一些总结性的表格之类的用小张纸贴在相应的页面上，复习会方便得多！

(4) 对于临床课的学习，我认为方法又有不同！这时上课就不能以笔记为主了，关键是跟着老师的思路走，有时候老师会结合理论讲一些临床上的典型病历，可以加深我们的理解，也方便我们记忆，这也是引起同学兴趣的重要因素，呵呵！另外，要重视见习课，这是我们从学生到一个准医生的过渡阶段，也是我们开始应用书本知识的时候！课前最好看下相关章节和实习指导，这样就有的放矢了，印象也会深刻的多！至于考试复习，我想应该不会很吃力才对！(本人亲身体会!)

(5) 这点也许是大家最感兴趣的——如何复习效率才能最高！分析如下：一本书至少也有300页，一个科目的考试满分为100分，也就是说最多也只能出100个知识点吧！(何况大题不止5分吧?)所以考的肯定是老师上课重点讲述的内容(笔记这时候就发挥作用了)，没讲过的一般不会考(99%的概率)，就算考了分数也不多！(如果单纯应付考试可以，但想学更多东西的话还是看下吧，有好处的!)这样压力就小很多了吧！另外，如果可能的话，找些历年考过的题目做一下，题目的符合率40%左右，但也不是绝对的！有的教研室会出些习题集，这很大部分来自于题库，做一下是很有帮助的哦！

【案例 6-1 评析】　这是一位大四学生的学习心得，他提出对医学知识的学习更应该注重理解、融会贯通。同时注重平时的积累，重视见习课。这都是非常行之有效的学习方法，同学们可以针对自己的实际情况，学习借鉴。

第七章　科研能力训练与专业实习

第一节　临床科研

医学生的目标是成为一个好医师。好医师应该是“学术型的临床医师”，这要求我们不仅具有精湛的临床医术，还应具备深厚的科研能力。科学研究是优秀医师的成长不可缺少的内容。

科学研究的过程就是一个不断面对问题和解决问题的过程。在研究中学会观察，学会捕捉记录事实，学会发现问题，提出问题，独立思考问题和想办法解决问题。

一、医师和科研

美国马萨诸塞州总医院是全美最有影响的三大医学中心之一，享誉世界。在其医师培训计划中一项重要的培训内容是为期6个月的科研轮转，主要培养科研意识和科研的基本能力，为培养临床及科研复合型人才打下坚实的基础。

做科研和当医师有着内在联系：一个好的临床医师必然会更细致入微地观察疾病的发生发展规律，患者的病情变化和治疗反应，这样能更敏锐地发现和提出问题，产生更多科研选题思路；一个思维严谨的科学研究者也能将浩如烟海的临床资料纳入系统化的管理，更全面更前瞻性地收集信息，在临床工作中也更有的放矢，把握现象背后的本质。

医学教育的目标是为了培养高素质的医学人才。一个真正合格的临床医师不仅要有高超的临床技能，同时应有较高的科研水平。临床工作于临床科研是密不可分的，两者并无截然划分。实际上，临床医师所从事的诊断、治疗工作过程，从某种意义上就是临床科研的过程。

二、临床科研

临床科研主要是应用研究。目的是维护人类身心健康，促进人的全面协调发展。临床科研强调解决临床实际问题，指导临床实践。

临床中有大量待解决的难题和重大命题。临床实践的需要是医学科研的源泉。临床科研的目的就是发现、提出、解决临床工作中的诊疗相关问题。最有价值的科研课题也来源于临床实践。一个临床医师搞科研，最重要的一点就是要有科研意识，处处留心学问。

巴斯德曾说“在观察领域中，机遇只垂青那个有准备的头脑”，我们在临床工作中，头脑中要想到科研。问题的形成和提出有个积累和酝酿的过程，要对事物有仔细的观察和深入地了解才能真正靠近本质和规律，这样提出的问题才能击中要害。临时拼凑出来的课题没有深度，不能指出问题的核心。目前临床医学进展迅速，很多问题未能解决，很多疑点未能解释，很多崭新的领域有待开拓，只要我们有科研意识，善于思考，就会思路开阔。

三、临床科研过程

完整的临床科研过程包括选题、立题、查阅文献、提出假说、实验设计、实验实施、数据统计分析、撰写科研论文等。

（一）选题

爱因斯坦曾说“提出一个问题往往比解决一个问题更为重要，因为解决一个问题也许是一个数学上或实验上的技巧问题，而提出新问题、新的可能性、从新的角度看问题，却需要创造性的想象力，而且标志着科学的真正进步”。

医学名家郎景和教授说“临床科研选题是关键，良好的选题是科研成功的第一步”。选题的过程也是学习知识和增长才干的过程，它能训练和培养人的思维和决策能力。提高临床选题水平，也是提高临床科研水平的最有效方法。

这里首先树立几个关于选题的基本观念：

选题时要注意，选题是正确的发现和提出一个问题，形成一个待验证的假说。选题一定要立足临床实践，临床实践也是孕育科研思路的沃土。选题前还要大量阅读文献。

课题的来源可考虑：①临床实践的需要，社会的需求，这样科研成果才有用武之地，科研本身才有意义。这是选题最基本最重要的来源；②交叉学科，边缘学科往往有可能更有发现和突破；③文献资料。通过检索国际最近文献，了解本领域的研究历史和现况，发掘突破点。

临床科研选题的原则首先是要涉及我国的常见病、多发病、疾病负担较大的疾病。一个好的课题有以下特点：

1. 创新性

创新是科学研究的灵魂，失去了创新，科研的意义也就不复存在。科研应是一项创新活动，不要简单地重复已无争论、业已肯定的工作，而要尽量探寻那些过去未认清的、未注意的、未发现的、没有肯定答案的、曾有设想但未经证实的、或是认识不全需要补充修正的问题。同时，在研究对象（人群特点、地域、民族），解题思路，实验方法和技术上也有创新则更佳。

2. 针对性

选题要有针对性，即科研完成后即可解决临床实践中的现实问题，或者可以产业化，推动医疗进步，服务社会。针对待解决的问题，考虑采用什么方法去解决。科研刚开始时，课题不宜过大，否则可能失去重点，迷失方向。可以采用以点带面的方法，随着研究的深入，展现在面前的研究空间会不断扩大。要提前写出详细的科研计划书，明确每一阶段待解决的具体问题。需要长期研究的课题，要注意团队的分工协作。

3. 可行性

每一可行性的课题如同空中楼阁。要认真考虑科研工作的可行性，再开始进行科研。可行性包括人力、物力、财力、设备条件、技术保障、研究对象或标本采集、研究人员的安排，各部门的合作等，能否保证课题的补给充足，顺利完成。另外，研究前要通过所在机构伦理委员会的认可。

（二）广泛阅读文献，掌握研究背景

牛顿说过“我之所以看得更远，是因为我站在巨人的肩膀上”。在选题的过程中，阅读专著和文献是必不可少的，也是整个研究的重要环节。

充分掌握背景资料，了解别人做过哪些类似研究，得出什么结论，结论是否还有继续探索的空间，是选题前要弄清楚的，一般在选题前都要调研大量文献，最好写出综述。有时对于同一研究课题，不同文献结论不一，这时要积极思考原因，从研究对象、实验设计、方法上进行分析，从中吸取有价值的检验教训。不掌握全面和最新的背景资料，不做文献总结。盲目上阵，若重复别人现有的研究甚至业已摈弃的错误结论，就会事倍功半。

（三）实验计划和科研设计

选好课题是明确研究目的，即打算集中解决的问题是什么。在科研进行前，要有一份实验计划。实验计划就是达成这一目标的实施方案，包括时间、内容和人员安排。实验计划既要细致具体，又要把握全局。要对整个实验过程中可能碰到的问题有前瞻性，并且有相应的准备和应对措施。

常用的临床科研设计方案有病例报告和病例分析，随机对照研究，病例对照研究，诊断实验等，各有其应用的范围。科研设计的基本内容有研究目的，研究对象，实验方法选择，施加因素，数据的收集和统计分析。在进行设计时，最好多方讨论，修正完善。尤其是涉及观察指标和实验数据，最好请医学统计学的专业人士参与，因为统计学不仅用于数据分析，还能指导科研设计。若在实验完成，准备撰写论文时才发现最初的设计有问题，这样就是前功尽弃。如条件许可，应争取进行前瞻性研究。

由于情况复杂多变，在科研的过程中，常常会发现所制定的科研设计方案存在某些偏差和不足，甚至会陷入困境；或是发现一些期望之外的数据或现象；也可能在研究过程中，又有新观点和新文献出现，不断丰富原来的设想。因此，在实验过程中，除如实记录实验数据外，还要定期检索最新文献，随时小结研究结果，和课题组成员沟通交流，通过讨论和反馈的信息及时调整和完善科研设计。

科学探索的道路不是一帆风顺的，有时科研以失败告终，但这并不可怕，实际上科研结果与预期不符并不罕见。只要善于总结经验教训，继续探索，就有成功的希望。只要我们能够透过现象看本质，继而捕获规律，甚至开辟出新的领域。

（四）论文写作

论文是科研结果的总结，流畅的论文书写是非常重要的，良好的文字表达是科学工作者的基本素质。一个好医师应该是一个好作家。通过论文写作，能让我们再一次审视整个科研的流程，反复查阅和消化文献，总结实验的经验和教训，而且通过论文写作，能使我们的临床科研思维变得更为严谨。

科研论文包括标题、摘要、前言、实验方法和材料、实验结果、讨论、引文等部分。第一，标题要简明，用最精辟的语言将研究的主要内容概括出来；标题不宜太大，并且要新颖，让读者有继续阅读的兴趣。第二，摘要部分很重要，语言要精准，让读者读完摘要后，能对全文内容快速把握。第三，前言部分简述研究背景，以及选题的原因，指出研究的必要性、重要性和创新性。第四,实验方法的选择要从实验目的出发,不应一味追求实验方法的高难;实验的取材要科学严谨。第五,实验结果要真实可信,每个实验要重复三遍以上,并采用科学的统计方法进行分析。第六,讨论部分属于较有难度,但又体现作者学术思想深度的部分。在写论文部分之前,先要对本研究领域的文献有一了解,然后着重对本次实验结果、结论或者与预期有差异的内容进行讨论。第七,引文部分要注意格式规范。

四、临床科研素养的培养

提高临床科研素养是高等医学人才培养的客观要求,也是医学提高水平的要求。临床科研素养是21世纪的医师所必不可少的素质。

(一)临床科研素养的培养首先是创新意识的培养

意识是行动的先导,创新意识是临床科研思维的前提。传统的教育思想注重知识本身的传授,对学生创新意识的培植有所不足。

现阶段医学在学习中应将创新意识的培养和基础知识的构建相结合,在素质教育的培养理念下,学会知识的交叉渗透与综合应用。应把目标锁定在国际前沿上,树立的创新精神,做出更多的有自主知识产权的创造。

在学习中,课采用PBL的国际流行学习模式,既围绕临床问题,以学生为中心,教师为引导,以小组讨论和自学为主的学习方式。PBL的精髓也包含了创新精神,因为创新就是发现问题,提出问题和解决问题。

医学生还要关注重大科学突破的发现过程和前辈的成功经验,选题思路,学习前辈的科学思维,科学研究的积极性、主动性和创造性,并从中领略攻克科学难题的思维艺术之美。

(二)思维模式的转变

解决实际问题的能力来自实践、思考和知识三者的结合。实践是第一位的,只有通过实践学到本领。关键是如何对待实际,能否做到实践与思考相结合。思考是一种深刻、周到的思维活动。思维活动要在科学思维方法的指导下进行,即有一个思维模式问题。

与知识经济时代相适应的思维模式和提高创新能力的重点是发展发散思维。知识经济时代呼唤科研思维方式由过去的单一、分散、孤立、静止变成现在的复合、集中、联系、活动。

人的思维有两种类型:一是发散思维,二是收敛思维。前者是一种开放性、求异性的形象思维,这种思维不是沿着一条直线或在一个平面内的思维活动,二是对认识对象从多方位,多角度进行思考,并在原有知识体系中提出“异己”的知识单元,其特点是思维活跃,不受束缚,敢于突破。

人的创新能力,是发散思维与收敛思维协调作用的结果。传统教育偏重收敛思维的训练,求同性思维发达,但在求异性思维方面却相对薄弱。我们应注重发散思维的训练,养成从多维度、多学科来思考问题。在广泛思考、反复实践、细心观察的基础上系统地收集信息,在新的客观事实的基础上发现事物间的新联系,是创新思维的源泉。

(三)学习科研相关课程及学术讲座,参与临床实践

掌握科研相关的课程,如医学文献检索、医学科研设计与论文写作、医学统计等,通过这

些课程，熟练掌握文献查阅、科研选题、实验设计、辩证思维、论文撰写等基本技能。

积极参加各类学术讲座，了解相关领域国际研究动态和热点。根据自己的研究兴趣，找到相应的老师，共同商讨和参与设计研究课题，在教师指导下完成综述。还可以组织成立课外活动小组，不同年级的学生定期在一起探讨有关学科前沿和研究进展，采用小组的形式，围绕学习活动进行合作学习。

第二节　临床专业实习

临床实习是医师成长的初始阶段也是重要阶段。实习是将医学理论知识与临床实践相结合的重要环节，同时，通过不同科室的轮转，了解不同疾病之间既彼此独立又普遍联系的关系。临床实习对于深化对疾病的认识、拓展专业知识和技能、培养临床思维能力和职业责任感意义深远。

一、临床实习教学活动的基本特点和形式

课堂教学有它的基本规律，临床实习教学也有其规律和特点，所不同的是课堂教学主要是在教室，而实习教学却在医院；课堂教学是学习书本知识，医学的基本理论等，实习则是通过对病人的诊疗进行学习，是所学知识的应用，即把在课堂上教师教授的、书本上叙述的理论性的知识有步骤、有系统地运用于临床实际，指导学生自己的医疗实践，把对患者服务与自身的专业学习紧密地结合起来。

同课堂学习时在教师的教授与辅导一样，临床实习是在上级医师的指导与示范下进行医疗实践。临床实习的教学活动一般认为有下面几种基本形式。

1. 床边教学

是指上级医师（一般是直接带教的住院医师）在每天的查房活动中对实习生进行的教学行为。有以下几个内容：

（1）查房时，先由管床的实习生汇报前一天的病史和诊疗情况，上级医师结合患者的实际病情向实习医师进行提问和讲解。

（2）指导实习生开医嘱。医嘱是医师防治疾病的方案和进一步检查、处置的计划，医嘱的过程就是医师运用医学理论知识并结合患者实际进行临床思维的过程，医嘱的正确适当与否，反映出临床医师的医疗水平，这需要除具备必要的医学基础知识外，还要求深入病房，多接触患者，密切观察病情，了解病情变化情况。

（3）对新入院的患者，由上级医师带领实习生共同接诊，指导实习生采集病史和体格检查，训练实习生收集信息的基本功。

2. 教学查房

由科主任针对实习生进行的查房指导。事先选择典型的、临床意义较大的病例进行系统地查房，从病因、发病机理、临床表现到诊断、鉴别诊断和治疗，及目前国内外对疾病新的认识和进展。这种既有扎实、全面的医学基础理论，又有丰富的临床治疗经验，并结合具体病例的讲解，可以帮助实习生理论联系实际，基础联系临床，从而学会运用知识的本领。

3. 病例讨论

由主治医师主持，一般选择临床上的疑难、典型的病例。在了解掌握病情、病史的基础

上，实习生可去图书馆查阅相关资料。病例讨论以学生发言为主，充分发表见解，也可互相商酌，最后由老师解答疑难问题，总结大家意见，进行综合分析，形成统一结论。教师在讨论中起引导作用，不重复讲课，这样做的目的在于培养学生分析问题、解决问题的能力，以及口头表述能力，使学生进一步掌握本专业的医学理论和临床技能。

4. 病历书写训练

住院病例是临床医疗质量的窗口，是反映医师医疗水平的一面镜子，书写病历的过程实际上也是培养临床思维能力及分析问题、判断和综合问题的能力。实习生往往在病例书写中存在不会组织语言、不会分析和归纳、抓不住重点，缺乏逻辑性等缺陷。实质上这就是临床思维能力差的反应。这就要求带教老师指导帮助实习生并认真修改，以保证病历书写能力的提高。

5. 示范操作和技能训练

动手能力是对临床医师的最基本的要求之一，临床实习中要根据各科实习大纲对操作技能的要求认真实践。上级医师要严格要求，认真指导，对每一个操作，尤其是首次做，应先由上级医师将操作步骤和要领及注意事项详细讲解并示范一遍，并保证实习生能够理解和记忆，最后才能让实习生进行实际操作。实习生实际操作时，上级医师应在现场，一是指导和监督，二是出现意外或发生事故能给予及时处理和补救。

6. 举办专题讲座

在临床上，诊断和治疗疾病时，必须具备人体各系统、器官以及系统间相互关联的纵、横两方面的知识，而目前在校的临床课教学中，主要讲授的是纵向知识，即系统讲解病因、发病机理、临床表现以及诊断、治疗等。虽然学生对每个疾病的系统知识都能较好掌握，但往往缺乏将这些知识横向贯穿起来并加以综合分析的能力，导致在实际工作中思路狭窄、单一，甚至做出错误的诊断。为了弥补这种不足，在临床实习期间，可安排部分专题讲座，通过讲座，形成完整的知识体系，使学生在医疗实践中开拓思路，考虑周密。使学生学到书本上学不到的临床诊断实际经验和治疗窍门。

7. 出科考试或考查

临床实习一年，也像在学校学习：每结束一门学科，需进行一门考试，一个专科实习结束，即安排出科考核，这区别于在校学习的考核，它是强调实际操作与能力为主，理论与实践相结合，既有理论又有实践。可采取各种较灵活的方式，如口试、书写病历、实际操作等。通过考核，既了解学生实习质量和医疗水平，又调动学生的实习积极性，从而保证实习质量和实习大纲的完成。

二、临床诊疗的过程

临床工作以对患者的诊疗为中心环节，临床诊疗的一般过程包括：

1. 采集病史

采集病史要对每个症状出现时间、发展和演变过程作详细的询问和记录，然后作全面体格检查、得出临床症状或综合征的诊断，明确病变部位，为进一步定性诊断、病因诊断提供思路和线索。

2. 辅助检查

除常规化验外，要有针对性地选择定性和病因诊断的辅助检查。通过检查结果，结合临床症状和体征，做出定性和病因诊断，探讨发病机制，为选择最佳治疗方案提供依据。

3. 诊断

在学习医学理论知识时，我们往往先学习疾病的定义，然后是该病的病因，发病机制、临床表现、诊断和治疗等，是以疾病为中心进行系统阐述的。而临床医师在接诊患者时，是根据患者的症状、体征及发病的相关因素入手，进行相应的体格检查及实验室检查，然后经过分析判断该患者患的是什么病、需要怎样处理，是一种由疾病的现象到本质、由果推因、由问题求解决的过程。所以医学专业知识学习的过程和临床实践的思维过程是不一样的。并且，疾病的表现呈现出个体化、多样性的特点，临床上需要根据患者的年龄、病情特点、伴随的症状、既往病史、体格检查及实验室检查结果等进行综合分析，作出正确诊断。累及多个系统的疾病，诊断应分清主次，看哪种为主要的和原发的疾病，哪种为继发性疾病，哪种为合并病变，但也有些症状与原发性疾病确实无关，诊断时应按主次、系统，依次列出所有发现。

在临床实习中，医学生应该熟练掌握诊断学和鉴别诊断学，熟悉逆向思维和发散思维方式。在首次接诊患者时，应依据自己的知识进行思考和判断，独立完成诊断过程，并思考诊断成立的依据，不可人云亦云。当自己的诊断与上级医师的诊断有出入时，应及时向老师请教和查阅书籍和文献来分析原因，不断提高临床思维能力。

4. 治疗

处理临床问题的分析决策能力是临床医疗的核心部分。医学生在临床实习中应注重这种临床分析综合及决策能力的培养。对每个患者的处理应思考以下问题：这类疾病的处理原则是什么？具体到每个患者，其特殊性是什么？治疗时要注意什么？这些决策的依据是什么？在病情变化的过程中，应重点观察什么？这样举一反三，不断深化对疾病的认识，积累临床实践经验。同时，医学生要在临床实践中培养独立思路、发现问题和解决问题的能力，为今后的工作奠定坚实的基础。

三、临床实习的学习内容

（一）临床思维

临床工作有其特有的思维方式，而临床实习能为培养医学生临床思维能力奠定基础。临床思维是指在临床医疗工作中，运用医学理论知识和实践经验对疾病现象进行分析综合，确立诊断、观察疗效和判断预后的思维过程。另外，临床思维也是医师认识和研究疾病的过程，它能够通过相关症状和体征，由表及里分析疾病的原因及进展，在作出正确的诊断和治疗决策的同时，丰富和深化人类对于疾病的认识。

医学在进入临床实习前，经过基础理论和临床知识的学习，已经具备了一些系统疾病的初步认识及诊疗方法，但这些知识都是相对独立和分散的，相互之间缺乏联系。在实习中要通过充分的训练，由理论学习的纵向思维转变为横向和立体的临床思维，并掌握各种临床操作技能，完成医学生向临床医师的转变。

医学生不仅要掌握每种疾病的主要特点和治疗原则，还要学会认识每位患者病情的特点，即矛盾的特殊性。另外，对诊断学的内容要融会贯通，通过临床实践反复加深对相关知识的认识。在疾病的诊断过程中，从整体出发，并学会鉴别诊断，在诊断时思维不要局限，不仅要考虑本科的疾病，也要想到其他科情况的可能。这样通过接诊的每一个患者，不断实践，提升自己的临床思维水平。如此反复多次，使得对疾病的认识不断深化，从感性认识不断提高到理性认识，从中找出规律和方法，指导以后的医疗工作，并对疾病的发展结局做出判断。

（二）临床技能

一个优秀的临床医师不仅要有严格敏捷的临床思维，还应掌握扎实的临床操作技能。临床技能是指为了疾病的诊断应进行的相应的临床检查或为了患者的治疗而采用的各种操作方法。

在实习中，医学生首先要练习规范的体格检查方法。通过各种体格检查获取诊断疾病所需的临床资料，这是临床医师必须掌握的基本操作技能。

医学生还要熟练掌握各种操作如各种穿刺、心肺复苏、清创换药等，熟悉其适应证、禁忌证及操作要点。仔细观察带教老师的示范。在自己独立操作时，应胆大心细、反复练习直至熟能生巧。

在各种临床操作中，应遵循知情同意的原则，尊重并保护患者。此外，还应学习老师如何接待患者和家属、如何与患者交流、如何询问病史和交代病情。

（三）病历书写

病历是对疾病现象进行收集、整理的系统完整的临床资料。一份完整规范的病历是患者诊断治疗过程的准确记录。病历在临床上有其特殊的使命，它是记载患者病情变化、诊疗过程的原始凭证，也是体现临床医疗水平的原始记录。书写病历是一种重要的临床思维训练方法。没有任何仪器可以代替医师的临床思维对病情材料进行逻辑分析和推理判断。

主诉和现病史是初步诊断的重要基石。现病史的采集应循序渐进，对发病经过和主要症状深入询问，主要症状和伴随症状应主次分明，要注意症状的起始、演变和发展。现病史对于典型病例的首诊很有帮助，一些对鉴别诊断有意义的资料不要忽视。实习期间接诊患者时，要在采集病史和体格检查后，自己尝试着作出初步诊断，提出治疗原则，再请老师进行分析、归纳和总结，这样有利于培养临床思维能力。

在实习阶段，医学生应按时、按质、按量完成完整病历，做到系统化、规范化。书写病历的过程，包括采集病史、体格检查、制订诊疗方案、对患者病情动态变化的观察和处理、对各项辅助检查结果的分析等。病历书写不是简单的文字工作，病历书写的过程是对该疾病的相关疾病的原因、病理、临床表现、诊断、鉴别及治疗的一种全面回顾与学习的过程，是巩固和应用所学知识，培养临床思维能力的过程。

四、临床实习的方法

临床实习的学习方法与在校课堂学习是完全不同的，不少刚刚进入临床实习的学生之所以不能适应，感到工作压力大、负担重，一个重要的原因是因为没有学会临床实习这种特殊场合的学习方法。要提高临床实习质量，在有限的时间内尽可能地学到较多的东西，应注意以下几点。

（一）多观察，勤思考

要改变在学校课堂学习的方法和习惯，临床实习阶段，学生是在实践中学习，也就是对患者的诊治过程中学习，实现了由抽象到具体的转变，这就要求学生改变过去那种“从书本到书本”的学习方式，形成“从患者到书本，再从书本到患者”的学习方式，临床可以观看的内容很多，包括看患者、看病历、看操作、看手术等等。医学生在临床实习中最重要的是多看患者，注意观察患者的面色、神情、营养状态等一般情况，观察患者的主要症状、体征、病情的变化情况、观察治疗效果等。通过观察，掌握第一手临床资料，逐渐积累临床诊治疾病的经验，同时多查看患者也有利于医患沟通、有利于患者配合医师的诊疗过程。实习时对所管患者每天至少早、中、晚查看 3 次，对危重病人应增加查看次数。而且，不能局限于自己所管的患者，应尽量留出时间多了解病房其他组的典型病例、疑难病例及罕见病例的诊治情况，拓展视野。此外，对于患者的症状和体征的变化，要勤于思考，善于分析其前因后果。对于临床治疗的措施，要做到知其所以然，理解临床工作是一个不断发现问题、分析问题和解决问题的过程。把每一种疾病的临床表现、诊断及鉴别诊断、预防、治疗等知识掌握熟练，同时能正确、灵活地应用到临床实践中去。

（二）主动学习，善于提问，勤于思考

在大学阶段提高自身能力成为决定学习效果的主要因素，在临床实习阶段亦是如此。所以应主动参加临床实践中的各种学习锻炼。积极参加教学查房、教授专家查房、疑难病例讨论，提前温习病例，提出问题，查阅资料，解答问题。在实习中，可准备一个工作记录本，将教授查房的总结归纳或自己的心得记录下来，然后系统整理。这些宝贵的临床经验都是智慧的结晶。在临床工作中，还应积极向周围的各位老师学习，从他们的言行中感悟从医之道。

临床工作是纷繁复杂的，每一步中都蕴含着学问。我们要有持之以恒的精神，逐步积累临床经验。在科室临床工作之余，应利用时间结合当天临床实践所见，复习理论知识，深化理解，或针对临床实践中的问题和疑点，有重点地查阅书籍和文献。另外，要积极参加值班跟班，这样能学到很多实战经验，对提升临床诊疗水平和心理素质都有很好的作用。

在实习中，每周课利用一些时间到图书馆查阅学术期刊，了解国内外新进展，丰富知识，带着问题深入研究地学习。同时，对临床病例可做一些分析和总结，尝试医学论文的写作，这样不仅有利于提高临床实践能力，还能培养创造性思维和临床科研能力，继而成为更全面的医学人才。

此外，在实习中，还要注意处理好与患者的关系。要以自己细致的工作和爱心来减轻患者身心的痛苦，多与患者沟通交流。要有仁爱之心，热爱医学事业，用高超的医术回馈社会。

（三）建立系统观念

医生的服务对象不是疾病，而是患者，诊治每位患者时除了个体化外，还要重视整体综合治疗。人体是多器官、多系统的有机整体，疾病存在于人体，疾病的表现是生命现象的外在表象，因此最终认识和判断人体疾病要着眼全局，通过分析与综合来诊断和治疗。无论是病变部位的症状诊断，还是定性病因诊断或是选择有证据的最佳治疗方案等，都要既重视个体化，也要注重整体诊治观念；既要包括药物的、物理的诊疗，也要包括心理的、精神的诊疗。

（四）预防观念

有一些疾病是可以预防的，预防对防治疾病十分重要。如脑血管病，消除致病危害因素能预防脑血管病发病和推迟发病。对病人要加强精神和心理方面的干预，调动患者及其家属的积极性，多做解释工作，这样有利于治疗又可避免医患矛盾。预防观念应贯穿于整个医疗过程中。

医疗行为从来就不是一个单独的行为，它要求在道德、伦理、学识和患者个体情况的引导下，对患者做出最佳的医疗决策。临床医学是实践性很强的学科，疾病的诊断和治疗均应强调重视证据、重视实践、重视疗效。在诊断方面强调诊断正确、有理有据，在查阅最新医学文献的基础，选择最佳的治疗方案和药物。在临床工作中要学习和运用循证医学的观念，学习新进展，提高临床诊治水平。

（五）注意培养社会交往能力，处理好医际关系

医学生在实习过程中应该注意自己在角色训练，这也是完成由医学生向临床医师过渡的一个重要方面，社会心理学的知识告诉我们，每个人在社会生活中总是担任一定的角色，角色规定了我们在社会生活中的权利和义务。医生是一种崇高而受人尊重的职业，医生应具备知识渊博、态度热情、严肃稳重、果断麻利等素质和行为特征。实习生在实习阶段就应该注意培养自己这方面的素质和品格，注重塑造自己在患者心目中的良好形象。

五、案例分析及评析

案例 7-1　　**操作不熟练，遭患者训斥**

谢小姐术后第一次换药时，主治医生不当班，她建议由实习医生小范操作。“他冰凉的手指碰到我，惊得我起了一阵鸡皮疙瘩。”紧张的小范不敢开口说话，颤抖着手一点点地拉扯纱布，一波波的痛感让谢小姐全身绷得僵直。尝试 30 多分钟后，小范和她都脸色惨白，最后只好放弃了换药。

【案例 7-1 评析】　因为没有经验，首次临床操作犯错是正常的，但实习医生不能以此为借口自我安慰，而应该尽量避免。建议：①观察、学习。由于伤口未愈纱布僵硬，患者第一次换药时会比较疼，有经验的医生会注意与患者沟通，让患者放松后再迅速换药。优秀的实习

生应该抓住这些细节。②准备妥当。操作前和医师沟通，至少预演一遍，熟悉操作中可能出现的问题以及相应的处理方法。③有疑问应多向有经验的医师请教。

案例 7-2　训练临床思维

夜班时我遇上一个上消化道大出血的患者，情况紧急。由于刚接触临床工作我便忙着从开化验单到下医嘱，但带教老师批评了我，并口头医嘱用洛塞克奥美拉唑注射剂及生长抑素控制患者病情。事后虽然觉得有些迷惑不解但想一想：你把病历和医嘱完成得再好，患者因为处理不及时死亡了，你所做的工作就都是无用功，所有的一切都没有意义了。

【案例 7-2 评析】 进入临床工作实习就是将学生变成医生的重要过程。一进入医院就会接触到很多条文规定，当学生久了就会在对待工作和规定、对待书本教条及临床处理上出现困惑。这时处理好问题的办法是将患者和现实情况作为处理问题出发点。值得注意的是做学生肯定喜欢在考试中考出好成绩。因而把考前老师划的重点看得很重要，但是在临床工作是没有“重点”之说的。患者的情况千变万化，书上最角落的问题也可能成为患者最痛苦的疾病。

案例 7-3　医疗无小事

一次给患者量血压，我测出值为130/90mmHg，但患者长期血压正常且没有高血压病史。我简单认为患者可能是由于输液太快或由于休息不好而导致暂时血压升高。但在心脏听诊后发现患者是个房颤律，经上级医师提醒再次测量结果血压为130/70mmHg，看来测血压也不能草草了事。如果按上次的结果给患者用上了降压药，一定会给患者带来痛苦。所以，“医疗无小事”这话一点不假。

【案例 7-3 评析】 测血压是实习生最常做的工作了，不能小看这项工作。因为你所测出的血压，是上级医师对患者用药处理的客观指标。既然这样，测血压时就应谨慎处理，并不是每个患者的血压都好测，如房颤患者心律不齐心跳强弱不等。测量中也会遇到听不清的情况，如肿瘤晚期恶病质的患者可以完全测不到，某些心包积液的患者测起来更是不易。这就需要多加练习从每次的测量中吸取经验。与在课堂上不同，实习时所有操作都是在患者身上而不是在实验动物身上。由于操作过程中一是过度紧张二是经验不足容易畏手畏脚。这就需要我们牢记基本理论严格按操作规则大胆去做。

案例 7-4　赤裸裸的质疑——你竟然是实习生?!

小综是在广州某医院实习的研究生，加上本科阶段的实习，到今年7月实习期就满三年。

医院一般会把实习医生分为三种，第一种是见习生，一般从大三开始，为期三个月，基本是将学习课堂从学校转移到医院各科室，实操经验几乎为零；第二种是低年资实习医生，资历比见习生稍长，操作相对熟练，但仍需要医生带教、指导；第三种是像小综这样的高年资实习医生，临床经验相对丰富，已经有临床治疗的能力，但按照卫生部有关规定，他要在毕业当年才能参加执业医师资格考试，拿到执业医师资格证后才能独立行医。

小综回忆说:"每个阶段都被患者嫌弃过,但见习时'初生牛犊不怕虎',什么都想学,被骂了就自我安慰,'这是成长的必经阶段'。但到了后期,还是被质疑,不是因为自己技不如人,而是因为'实习医生'这个名头,心里就特窝气。"所以小综和部分高龄实习医生一样,常常把写有"实习医生"的胸牌翻转过去。

因为表现突出,带教医生——实习医生戏称其为"老板",有意培养小综。有一次,科室里一名50多岁的妇女出现腹水,需要穿刺活检,"老板"让小综去做腹穿。为了避免家属在旁影响工作,"老板"以"整个腹穿过程要求无菌环境"为由请家属在外守候,但家属执意要在旁,"老板"和小综也只能由他。

检查器械、消毒、局部麻醉、放针……一切进展顺利。当小综俯身把导管缓缓送进患者腹腔时,胸牌随着他的倾身而差点碰到病床,这时,"老板"对小综稍作暗示,并把他的胸牌移开。而意外就在"老板"的这个动作后突然发生。

"老板"碰胸牌时把它翻过来了。这个动作其实很小,不注意根本不会发现,但家属那时候特紧张,小综做什么他都盯着,大概是瞄到了"实习医生"几个字吧。他突然暴走,嘴里大嚷"你竟然找个实习医生给我妈做这么危险的手术?!"开口的同时就已经冲过来,一把推开了小综。

因为动作太大,小综被推开时带起了病床上的器械,哗啦一声,器械都往下掉,整个无菌环境自然也被破坏掉。"我真想破口大骂,'你是不是有病啊!'如果我当时是在放针的话,被他一推,划破他妈妈的腹腔甚至刺穿动脉管怎么办?说不定会死人的!"回忆这一幕时,小综控制不住情绪地大吼,再一次引来邻桌的关注。事实却是,他被推开时完全吓愣了,根本来不及做任何反应,他稳住踉跄的脚步后,左手四指还保持着放管时微曲的姿势。失神过程中,他断断续续地听到"告你们"、"信不信我找 * * 长整死你"等情绪激动的叫骂声。

【案例7-4评析】 这样的不和谐场景在医院很常见。针对医学生在医院实习问题,卫生部2005年专门出台《卫生部关于医学生毕业后暂未取得医师资格从事诊疗活动有关问题的批复》,该文件规定,"对于毕业第一年未取得医师资格的医学专业毕业生,可在执业医师指导下进行临床实习,但不得独立从事临床医疗活动。"

对此,实习医生和医生都反映"卫生部的规定仅仅提出实习医生必须在执业医师指导下进行临床实习,但现实中,医生指导实习医生的行为很难界定,医生诊疗时实习医生在一旁观摩是指导,实习医生诊疗而医生事后签字确认也是指导"。模糊的规定很可能导致两种情况,一是极小部分不负责任的医生完全放手让实习医生去独立操作,想着事后签名即可,一旦出事就把责任推到患者或实习医生身上去;二是有的患者只要接触到临床教学就反应过激,脱口而出"非法行医"。事实上,卫生部新闻办公室于2009年11月4日发公告,"严格意义上说,医学生和试用期医学毕业生在医疗机构的临床实践活动是医学教育中的临床实践活动,而非正式行医。对这种活动的管理,是有法可依,有章可循的。我国刑法对于'非法行医'的具体界定,不包括医学生和试用期医学毕业生从事临床实践活动。"

案例 7-5 **医学观摩被赶**

2009 年 1 月 1 日，卫生部出台的《医学教育临床实践管理暂行规定》（以下简称规定）开始施行。《规定》指出，医院的带教教师和指导医师，在安排和指导临床实践活动前，应尽到告知义务并得到患者同意，否则，实习医生不可以参与问诊。

卫生部称此规定是对患者人身安全和隐私的保护，某位有十多年从医经验的医生表示同意，"不管医生还是实习医生，都应该尊重患者。"但大部分实习医生都觉得自己被推入了一个尴尬的境地，"基本不问，很怕被拒绝。"本刊记者在广州某医院随机采访了数十位患者，仅一位表示，如果是小病，实习医生接诊无所谓，其余患者明确表示，不愿意接受实习医生治疗，甚至反感治疗时被实习医生观摩。

这种抵触情绪在妇科最为突出。28 岁的黄小姐坦言第一次接受男妇科医生检查时的感觉"就像世界末日"。根据广州医学院第一附属医院李天在妇科实习时的观察，大部分生产过的妈妈在做妇检时还是比较通情达理的。但在面对男实习医生医学观摩时，上至五十徐娘，下至十八少女，都不约而同地一声惊呼："啊！这个男生站在旁边是干什么的？"更有人直接大叫"滚！"

李天在实习过程中，最戏剧化的经历发生在一次手术前。20 多岁的患者叶小姐被诊断为乳房下部纤维瘤，切除手术安排在确诊三天后的上午。叶小姐脱去上衣、裸露着上身哆哆嗦嗦地躺上手术台后，"老板"拉开屏风，招呼李天和另外两名实习医生上前观摩。叶小姐闪电般坐了起来，弓身屈腿，双手抱膝，接着当场发飙。护士解释这是医学观摩，正常的临床教学，但叶小姐还是非常生气，表示要投诉医院侵犯她的隐私。事情最后以院方道歉、李天三人离开收场。在李天的印象中，经过"老板"解释后接受实习医生观摩的，只有一位 43 岁的阿姨。

【案例 7-5 评析】 虽然医学生参与诊疗是医生队伍培养的必要途径，但针对具体患者，医疗质量或许会受到影响。在这种情况下，为了获得患者的配合，国外经常采取有偿配合的方式。以美国为例，患者知道，大学的附属医院是教学医院，在获得最优质服务的同时，也要让渡自己的部分权益，其隐私权不能像在社区医疗机构那样得到有效保护，相应地，教学医院也会向患者提供一定的物质补偿。香港引进了这种方法，通过减免部分医药费，换取医学观摩的顺利进行。不过，这种做法毫无疑问增加了教学成本，所以中国内地的多数医院目前都没有采用，但是我们依然在尝试多种途径和方法为实习学生提供更多的观摩和操作机会。实习生更渴求一个宽容的成长环境。因为一名医生从毕业到独立行医，要经过多重考验，如果没有患者配合，这个过程会更漫长。

六、临床实习的注意事项

"勤于实践反复验证"是如何做好一名医师的最直接的经验，"如临深渊，如履薄冰"是医学生应该具备的对待医学严谨的态度和高度的职业责任感。

（一）做好基本功训练

临床上有一套常规诊断方法（包括病例、体格检查和常规实验室检查）可以用来搜集习步资料。为了保证能如实反映患者所患疾病情况,这些资料应该系统完整。这项基础医疗工作,看似平凡,却是医师的基本功,若是没有做好,就可能造成误诊、漏诊和其他损失。临床医师必须投身到医疗第一线,深入临床实践,才能从丰富的感性材料中抽出理性认识,形成比较正确的诊断。有些医师不大接触患者,不重视临床操作,满足于书面报告或片断材料,这样得出来的诊断,是无源之水,无本之木。

（二）要有纠正错误的勇气

不管多么高明的临床医师,在诊断治疗中,都不可能完全避免差错。有的诊断尽管在大体上是正确的,但在细节上不一定都正确。因此,一个好的临床医师,必须要有自我批评的精神。在诊断中抓住一个病不放,主观臆断,思想僵化,听不得不同意见,这是很不好的。临床医师应该有虚怀若谷的胸怀,有随时纠正错误的勇气。

（三）认真采集病史

要熟练地掌握诊断技术,包括病史采取、物理诊断和常规实验检查,其中病史最为重要,如果采集得当,至少半数以上患者的病史可提供宝贵的诊断线索。较高质量的病史应是系统、完整、翔实而不过于繁琐。询问病史的态度要和蔼可亲,以接触患者的拘束,应以高度的同情心去赢得患者的信任。

（四）具体问题具体分析

不能过于把临床医学教条化、公式化。有的同学认为自己实际接触的各种患者,都应该和教科书上讲的相吻合。其实,这是不可能的。可以说没有两个患者的病情是完全相同的。每个人的年龄、性别不同,生活条件、生活环境不同,虽然疾病本质上是一样的,但其表现总是不同的,总有各自的特点,这是客观事物个别与一般关系的反映。因此,在具体诊断治疗上,我们就不能用公式化的方法去对待,必须从具体的、特殊的情况出发,不能把诊断看成是拿书本上的公式、条条去套用。

参考文献

许鹏,张玉海,尚磊,等.2009. 生源质量与医学生学习成绩的相关性分析[J]. 西北医学教育,03
王慧文,潘秀丹,叶丽杰,等.2005. 非智力因素对医学生学习成绩的影响分析[J]. 西北医学教育,02
陈赞,孔明.2010. 医学生就业影响因素的 logistic 回归分析[J]. 徐州师范大学学报(哲学社会科学版),06
邓盛木.2011. 医学院校学生医德教育现状分析[J]. 中国科教创新导刊,11
林柳艺,李兵.2008. 医学生如何提高学习效果[J]. 卫生职业教育,06
保宏翔,肖金胜.2011. 我校连续 4 届医学生 11 门基础课成绩分析[J]. 卫生职业教育,01
杨昌辉.2006. 沟通式教学法对专升本医学生人体解剖学学习成绩的影响[J]. 中国高等医学教育,02
张磊,孙晓晶,谷芳秋,等.2010. 护理本科生大五人格特质与学习成绩相关性研究[J]. 南京医科大学学报(社会科学版),01
王大庆,兰长骏,刘英,等.2006. 浅谈教师在培养医学生科研能力中的重要作用[J]. 川北医学院学报,06
芦王英,刘晓静,季晓辉.2010. 医学教育的重要原则之一:激发学生的学习动机[J]. 中国高等医学教育,01
熊莉华,朱立群,赵玲,等.2008. 如何有效促进医学生进行自主性学习的探讨[J]. 中国中医药现代远程教育,06
高晓妹.2007. 对某高校七年制医学生学习动力的调查分析[J]. 西北医学教育,06
边藏丽,张晓方,赵静.2007. 医学生学习成绩及学习态度的调查研究[J]. 医学教育探索,09
张燕贞,隋雪,郑希付,等.2008. 医科大学生学习适应性与学习成绩研究[J]. 中国健康心理学杂志,01
张燕贞,刘西瑞,杨棉华.2008. 医科大学生学习适应性及教育对策研究[J]. 中国高等医学教育,01
张剑,钱沿,甘雅芬,等.2005. 医学生学习动力的调查分析及对策[J]. 赣南医学院学报,04
曲莉,沈姝,沈胜娟.2007. 医学院校"学习异化"现象分析及对策[J]. 中国高等医学教育,10
黄时华,王苑芮,潘少梅.2007. 广州医学生与非医学生逃课现状的调查分析[J]. 医学教育探索,06
茅育青.2007. 学习的倦怠之原因与对策研究[J]. 心理科学,03
黄卫平,李潜.2007. 大学生学习倦怠原因及对策[J]. 思想教育研究,04
张传月,黄宗海,莫华善.2007. 高师学生学习倦怠现状的调查研究[J]. 社会心理科学,Z1
王晓丽.2006. 中学生学习倦怠现象的思考及对策[J]. 辽宁教育行政学院学报,01
连榕,杨丽娴,吴兰花.2006. 大学生专业承诺、学习倦怠的状况及其关系[J]. 心理科学,01
连榕,杨丽娴,吴兰花.2005. 大学生的专业承诺、学习倦怠的关系与量表编制[J]. 心理学报,05
王丽荣.2005. 预防职业倦怠——医学生心理健康教育的新课题[J]. 中国高等医学教育,03
杨丽娴,连榕.2005. 学习倦怠的研究现状及展望[J]. 集美大学学报(教育科学版),02
高晓妹.2007. 对某高校七年制医学生学习动力的调查分析[J]. 西北医学教育,06
赵颖,杨迪,刘彦明.2007. 医学生学风状况的调查与分析[J]. 卫生职业教育,24
范莹,李华忠.2008. 医学生诚信缺失的成因及其对策[J]. 辽宁医学院学报(社会科学版),03
竺静,杨玉霞,王宁线.2005. 高职医学生学习现状调查分析与对策[J]. 医学教育,05
闫海强,丁国芳.2006. 当代医学生诚信教育之我见[J]. 中国高等医学教育,10
李建,苏晓林,段长恩.2009. 影响医学生心理健康的因素及对策[J]. 科技信息,27
李秀玲,于瑞花,刘强.2007. 互联网对实习医学生的影响调查和对策[J]. 齐鲁医学杂志,03
马洁.2007. 医学生儿科实习中存在问题的分析[J]. 中国现代医生,23
费中海,李君安,郭斌.2011. 当代医学生存在的缺陷与对策[J]. 检验医学与临床,03
隆娟,吴卉,雷婷.2011. 医学生考试作弊行为分析及对策探究[J]. 文学教育(中),08
王福科,刘流,何晓光,等.2010. 我国当代医学生学习心理特点及其对策浅析[J]. 卫生软科学,06
田武汉,李虹.2010. 浅析双轨鉴定并存对医患纠纷和医疗环境的影响[J]. 现代医院,02
陈晨,朱俊勇,许斌.2010. 浅析新形势下医学生就业问题及对策[J]. 西北医学教育,01
吴玉东.2009. 当前大学生就业心理障碍的主要表现及应对措施[J]. 西北医学教育,05
李志,张慧.2007. 高校大学生择业标准调查及就业对策研究[J]. 黑龙江高教研究,12
吕世军,马博.2007. 对新时期医学生就业难问题的思考[J]. 药学教育,03